Parentesco americano

Dados Internacionais de Catalogação na Publicação (CIP)
(Câmara Brasileira do Livro, SP, Brasil)

Schneider, David M.
  Parentesco americano : uma exposição cultural / David M. Schneider ; tradução de Fábio Ribeiro. – Petrópolis, RJ : Vozes, 2016. – (Coleção Antropologia)

  Título original: American kinship : a cultural account.
  Bibliografia.
  ISBN 978-85-326-5222-5

  1. Família – Estados Unidos 2. Parentesco – Estados Unidos I. Título. II. Série.

16-00463   CDD-301.4210973

Índices para catálogo sistemático:
1. Parentesco : Estados Unidos : Antropologia social   301.4210973

David M. Schneider

Parentesco americano

Uma exposição cultural

Tradução de Fábio Ribeiro

Petrópolis

© 1968, 1980 by The University of Chicago. All rights reserved.
Licensed by The University of Chicago Press. Chicago, Illinois, USA

Título do original em inglês: *American Kinship – A Cultural Account*.
Second Edition.

Direitos de publicação em língua portuguesa:
2016, Editora Vozes Ltda.
Rua Frei Luís, 100
25689-900 Petrópolis, RJ
www.vozes.com.br
Brasil

Todos os direitos reservados. Nenhuma parte desta obra poderá ser reproduzida ou transmitida por qualquer forma e/ou quaisquer meios (eletrônico ou mecânico, incluindo fotocópia e gravação) ou arquivada em qualquer sistema ou banco de dados sem permissão escrita da editora.

Diretor editorial
Frei Antônio Moser

Editores
Aline dos Santos Carneiro
José Maria da Silva
Lídio Peretti
Marilac Loraine Oleniki

Secretário executivo
João Batista Kreuch

Editoração: Fernando Sergio Olivetti da Rocha
Diagramação: Alex M. da Silva
Capa: Felipe Souza | Aspectos
Ilustração de capa: ©Les Cunliffe | Dreamstime

ISBN 978-85-326-5222-5 (Brasil)
ISBN 0-226-73930-9 (Estados Unidos)

Editado conforme o novo acordo ortográfico.

Este livro foi composto e impresso pela Editora Vozes Ltda.

Sumário

Prefácio, 7

Agradecimentos de 1980, 11

1 Introdução, 13

Parte I – As características distintivas que definem a pessoa como um parente, 31

2 Parentes, 33

3 A família, 42

Parte II – O parente como uma pessoa, 67

4 Um parente é uma pessoa, 69

5 Parentes por afinidade e termos de parentesco, 88

6 Conclusão, 119

7 Doze anos depois, 130

Referências, 149

Prefácio

O parentesco americano é um exemplo do tipo de sistema de parentesco encontrado em sociedades ocidentais modernas. Esse tipo de sistema é particularmente importante não apenas por ser encontrado em um tipo importante de sociedade, mas também porque ele é diferente dos tipos de sistemas de parentesco encontrados em outros lugares do mundo.

Os sistemas de parentesco de sociedades ocidentais modernas têm diferenciação relativamente alta em comparação com os sistemas de parentesco encontrados em muitas sociedades primitivas e camponesas. Com "diferenciação", quero dizer apenas que o parentesco é distinguido clara e fortemente de todos os outros tipos de instituições e relações sociais. Em muitas sociedades primitivas e camponesas, um grande número de tipos diferentes de instituições são organizados e construídos como partes do próprio sistema de parentesco. Assim, as unidades sociais principais da sociedade podem ser grupos de parentesco – linhagens, talvez. Esses mesmos grupos de parentesco podem também ser as unidades que possuem propriedades, as unidades políticas, as unidades religiosas, e assim por diante. Deste modo, o que quer que um homem faça numa tal sociedade, ele o faz como um parente de um tipo ou de outro. Se ele se torna chefe, isso ocorre de acordo com alguma regra de sucessão, talvez herdando o cargo de seu pai ou de um irmão da mãe. Se ele se casa com uma garota, isso ocorre porque ela faz parte de uma categoria de parentesco como filha do irmão da mãe. Se ele precisa de ajuda com alguma atividade econômica, como horticultura ou caça, ele chama seu cunhado porque ele é a pessoa apropriada para ajudá-lo em tais empreitadas.

Mas, nos Estados Unidos, todas essas instituições são diferenciadas muito claramente umas das outras. Nos Estados Unidos, cargos políticos devem ser obtidos através de eleições livres, e não por direito de sucessão ao cargo possuído por um pai ou tio. A pessoa possui propriedades por direito próprio, e entra em relações econômicas onde escolher e de acordo com regras que supostamente são inteiramente livres das restrições do parentesco, da religião ou da política. E a pessoa frequenta a igreja que escolhe, seguindo os ditames de sua própria consciência e não os ditames de seu grupo de parentesco, partido político ou da corporação que o emprega.

O fato de o parentesco ser diferenciado tão claramente nas sociedades ocidentais modernas tem certas vantagens para o estudo de muitos problemas diferentes. Um deles, que me interessa particularmente há algum tempo, é a questão da "natureza do parentesco" no sentido de estabelecer no que consistem exatamente as características distintivas do parentesco. Parece-me que faz bastante sentido estudar o parentesco o mais próximo possível de sua "forma pura" aqui nos Estados Unidos, em vez de alguma outra sociedade onde ele está escondido sob camadas de elementos econômicos, políticos, religiosos, e outros[1].

Há outra razão pela qual o estudo do parentesco nos Estados Unidos é especialmente importante para os americanos, e ela é que, como americanos, esta é uma sociedade e uma cultura que conhecemos bem. Nós falamos a língua fluentemente, conhecemos os costumes e observamos os nativos em sua vida cotidiana. De fato, nós *somos* os nativos. Portanto, estamos numa posição especialmente boa para manter os fatos e a teoria em sua relação mais produtiva. Podemos monitorar a interação entre fato e teoria no que concerne ao parentesco americano de modos que são simplesmente impossíveis no curso normal do trabalho antropológico. Quando lemos sobre o parentesco em alguma sociedade estrangeira, temos apenas os fatos que o autor escolhe apresentar para nós, e normalmente não temos nenhuma fonte independente de conhecimento para nos ajudar a checar seus fatos. Fica então muito difícil avaliar sua teoria para ordenar esses fatos.

Em nosso caso, é claro que conseguimos obter um grau de controle sobre um grande corpo de dados que muitos trabalhadores de campo antropológico dificilmente conseguem, mesmo depois de um ou dois anos no campo. Portanto, a qualidade dos dados que controlamos é consideravelmente maior, e as bases para avaliar o encaixe entre fato e teoria é correspondentemente maior.

Realizei pela primeira vez um trabalho sistemático sobre o parentesco americano em 1951, quando, em colaboração com George C. Homans, coletei material genealógico e, particularmente, material sobre a terminologia de parentesco de alunos de pós-graduação e professores no Departamento de Relações Sociais na Universidade Harvard. Alguns dos resultados desse estudo foram publicados em 1955.

Em 1958-1959, quando o Professor Raymond Firth, da London School of Economics, era adjunto no Centro de Estudos Avançados das Ciências Comportamentais, nós propusemos um estudo comparativo do parentesco na Grã-Bretanha e nos Estados Unidos para a Fundação Nacional da Ciência. Apesar

---

1. Cf. SCHNEIDER, D.M. "The Nature of Kinship". *Man*, 217, 1964. • "Kinship and Biology". In: COALE, A.J. et al. *Aspects of the Analysis of Family Structure*. Princeton: Princeton University Press, 1965.

de o estudo dever ser comparativo, cada um de nós era livre para seguir as linhas e métodos que escolhêssemos. Portanto, não realizamos nenhuma tentativa de replicar precisamente o trabalho do outro, apesar de nos mantermos em contato próximo durante o decorrer do trabalho.

Este livro é o primeiro relato publicado do projeto americano. Ele não contém nenhum material comparativo, e lida apenas com o parentesco americano. Um livro que compara o parentesco americano com o britânico está sendo preparado agora[2].

O financiamento para o trabalho de campo e a análise do material veio principalmente da Fundação Nacional da Ciência, cujo apoio é reconhecido com gratidão aqui. Além disso, aspectos especiais da análise, a coleta de corpos especiais de material de campo e parte da redação de alguns dos materiais foram possíveis através de uma bolsa dos Institutos Nacionais da Saúde.

Devo agradecer à Dra. Constance Cronin, Sr. McGuire Gibson, Dr. Nelson Graburn, Dra. Esther Hermite, Sra. Elizabeth Kennedy, Sr. Charles Keil, Srta. Nan Markel, Sra. Eleanor McPherson, Sra. Pat Van Cleve, Srta. Harriet Whitehead e Sra. Linda Wolf, que realizaram o trabalho de campo em Chicago e o fizeram muito bem sob circunstâncias que muitas vezes não eram nada fáceis.

A Dra. Millicent Ayoub fez várias sugestões importantes durante e após o trabalho de campo. Devo agradecer ao Dr. Dell Hymes por suas cartas estimulantes. O Sr. Calvert Cottrell ajudou a supervisionar a coleta das genealogias e foi o principal responsável pela análise quantitativa desse material. O Dr. Gary Schwartz ajudou de muitos modos diferentes durante a coleta dos materiais de campo, principalmente por prestar atenção a considerações de classe e de *status*, e manter os trabalhadores de campo alertas a elas.

Tenho uma dívida especial para com Paul Friedrich, que separou tempo de seu próprio trabalho de campo para ler uma redação inicial de algumas partes deste livro. Aprendi muito com ele sobre parentesco e linguística em muitas discussões no decorrer deste trabalho. Bernard S. Cohn, Fred Eggan, Raymond Firth, Raymond Fogelson, Jane e Anthony Forge, Clifford Geertz, Eugene A. Hammel, David Olmsted, Tom Sebeok, Martin Silverman, Melford Spiro e Raymond T. Smith leram o manuscrito, parcial ou integralmente, em algum estágio de sua escrita, e eu agradeço aqui as várias sugestões úteis que eles fizeram. Além disso, todos os trabalhadores de campo que eu pude contatar analisaram o manuscrito do ponto de vista daqueles que coletaram a maior parte dos dados em que ele se baseou. Sua ajuda foi muito apreciada.

---

2. Esse livro não chegou a ser escrito. Raymond Firth publicou o resultado de seus estudos do parentesco britânico na obra *Families and Their Relatives*, com Jane Hubert e Anthony Forge (Londres: Routledge & Kegan Paul, 1970) [N.T.].

Finalmente, agradeço particularmente ao Dr. Ralph Taylor, o diretor do Centro de Estudos Avançados das Ciências Comportamentais, e a Preston Cutler, Jane Kielsmier e o resto da equipe do Centro, onde a redação final deste livro foi realizada.

d.m.s.

Agradecimentos de 1980

Agradeço a Marshall Sahlins seus comentários úteis sobre a primeira redação do cap. 7, "Doze anos depois", escrito para esta edição, e pelo uso de sua excelente expressão da distinção entre "cultura-como-constituída" e "cultura-como-vivida" ou "cultura-em-ação" em seu artigo inédito "Experiência individual e ordem cultural"[1]. Também agradeço aos comentários de Virginia Dominguez em sua carta que recebi quando me preparava para escrever este epílogo. E gostaria de agradecer a Michael Silverstein sua leitura útil. Eu também tenho uma dívida aos muitos comentadores de *Parentesco americano* que se deram ao trabalho de me dizer não apenas o que estava errado com o livro, mas também o que estava certo com ele. A quantidade é grande demais para nomeá-los individualmente.

---

1. Esse artigo foi publicado em 1982. SAHLINS, M. "Individual Experience and Cultural Order". In: KRUSKAL, W. (ed.). *The Social Sciences*: Their Nature and Uses. Chicago: University of Chicago Press [N.T.].

Introdução

I

Este livro trata do parentesco americano como um sistema cultural; ou seja, como um sistema de símbolos. Com "símbolo", quero dizer algo que representa alguma outra coisa, ou algumas outras coisas, onde não há nenhuma relação necessária ou intrínseca entre o símbolo e aquilo que ele simboliza[1].

Uma cultura em particular, por exemplo, a cultura americana, consiste num sistema de unidades (ou partes) que são definidas de certos modos e que são diferenciadas de acordo com certos critérios. Essas unidades definem o mundo ou o universo, o modo pelo qual as coisas nele se relacionam entre si, e o que essas coisas devem ser e fazer.

Utilizei o termo "unidade" como a palavra mais ampla, geral e com as maiores aplicações possíveis nesse contexto. Uma unidade, numa cultura particular, é simplesmente qualquer coisa que seja definida e distinguida culturalmente como uma entidade. Ela pode ser uma pessoa, lugar, coisa, sentimento, estado de coisas, pressentimento, fantasia, alucinação, esperança ou ideia. Na cultura americana, unidades como tio, cidade, *blue* (triste), uma bagunça, um palpite, a ideia de progresso, esperança e arte são unidades culturais.

---

1. Eu sigo Talcott Parsons, Clyde Kluckhohn e Alfred L. Kroeber nessa definição de cultura e nessa definição do problema. Especificamente, PARSONS, T. & SHILS, E. *Towards a General Theory of Action*. Cambridge: Harvard University Press, 1961. • KROEBER, A.L. & PARSONS, T. "The Concepts of Cultural and of Social System". *American Sociological Review*, 1958, p. 582-583. • KROEBER, A.L. & KLUCKHOHN, C. "Culture: A Critical Review of the Concepts and Definitions". *Papers of the Peabody Museum*. Cambridge: Harvard University Press, vol. 47, n. 1, 1952. A obra de Clifford Geertz é um exemplo excelente dessa tradição, e seu artigo "Religion as a Cultural System" é particularmente útil por sua definição do termo "símbolo", que eu segui neste livro. Cf. esp. p. 5-8 de seu artigo em BANTON, M. (ed.). *Conference on New Approaches in Social Anthropology, Anthropological Approaches to the Study of Religion*. Londres: Tavistock, 1965. Eu, entretanto, separo-me dessa tradição num aspecto importante. Aqui eu tentei lidar com a cultura como um sistema simbólico puramente em seus próprios termos, em vez de relacionar sistematicamente os símbolos aos sistemas social e psicológico, e aos problemas de articulá-los dentro do esquema do problema da ação social. Minha dívida para Claude Lévi-Strauss é óbvia, minha dívida para *Chrysanthemum and the Sword*, de Ruth Benedict (Boston: Houghton Mifflin, 1946), é menos óbvia, mas tão grande quanto. A obra de Louis Dumont foi um estímulo especialmente valioso.

Mas o sentido mais comum para compreender o termo "unidade", ou "unidade cultural", é como parte de algum sistema relativamente distinto e autocontido. O governo americano é um bom exemplo. Existem os governos nacional e locais, e eles têm uma relação especial uns com os outros. O governo nacional consiste num ramo executivo, um legislativo e um judiciário – novamente, unidades definidas e colocadas em relação umas com as outras. Poderíamos seguir em frente notando, nomeando e marcando cada unidade ou entidade cultural distinta – sua definição, a concepção de sua natureza e existência, seu lugar em algum esquema mais ou menos sistemático.

É importante fazer uma distinção simples entre a unidade definida e diferenciada culturalmente como um objeto cultural em si próprio, e qualquer outro objeto em algum outro lugar no mundo real que ela pode (ou não) representar ou corresponder.

Um fantasma e um homem morto podem ser exemplos úteis. O fantasma de um homem morto e o homem morto são dois construtos culturais ou unidades culturais. Ambos existem no mundo real como construtos culturais, entidades definidas e diferenciadas culturalmente. Porém, inúmeros testes empíricos demonstraram que, num nível bastante diferente de realidade, o fantasma não existe, embora possa haver ou não um homem morto num local e momento dados, e sob condições dadas. Mas, no nível de sua definição cultural, não há dúvida quanto à sua existência, e nenhum deles é mais ou menos real que o outro.

É claro que, num certo sentido, tanto o fantasma quanto o homem morto são ideias. Eles são criações da imaginação ou intelecto humanos, que exclui alguns elementos e mantém outros, formulando, a partir desses elementos, um construto que pode ser comunicado de uma pessoa para outra, compreendido por ambas. Porém, nesse nível de realidade, perguntar se realmente podemos sair e capturar ou um fantasma ou um homem morto é bastante irrelevante.

Seria um equívoco, e uma simplificação exagerada, dizer que falta existência objetiva ao fantasma, mas que a existência objetiva de um homem morto às vezes pode ser estabelecida; desse modo, pelo menos o homem morto poderia existir, mas o fantasma não. Dizer que fantasmas não podem existir, mas homens mortos podem, seria aumentar o equívoco. Mesmo que tal afirmação seja certamente verdadeira em um nível de discurso, ela compreende mal e não capta a importância dos construtos culturais, das unidades culturais e da cultura em geral.

É claro que tanto "fantasma" quanto "homem morto" são palavras, e certamente é importante notar que palavras "representam" (*"stand for"*) coisas. Como meras perturbações na atmosfera que são ouvidas, ou como meras distorções da superfície plácida de uma página que são vistas, elas ainda assim são palavras que representam alguma coisa.

Mas a questão não é *qual coisa* elas representam no mundo real, objetivo, de fora, ainda que com uma palavra como "cachorro", nós possamos pegar esse animal concreto, colocá-lo no chão, apontar para ele e dizer "Isto é um cachorro". A questão é *quais coisas diferentes* essa palavra representa. A palavra "cachorro" certamente é um construto cultural – num de seus significados – e é definida de certos modos como uma unidade cultural. Seu referente nesse contexto, então, não é o animal "objetivo" em si, mas sim o conjunto de elementos ou unidades ou ideias culturais que constituem esse construto cultural.

Na medida em que uma palavra é o nome para alguma coisa, e na medida em que a palavra nomeia – entre muitas outras coisas – uma unidade ou construto cultural, poderíamos concluir que a cultura consiste na linguagem; ou seja, o vocabulário, a gramática e a sintaxe, ou as palavras e suas definições e suas relações umas com as outras.

Não há dúvida de que a linguagem é uma parte fundamental da cultura. Ela certamente é um sistema de símbolos e significados e, portanto, nesse sentido específico ela se conforma à definição de cultura que ofereci. Nós sabemos imediatamente que "fantasma" é um construto ou unidade cultural de algum tipo porque há uma palavra para ele, ele tem um nome, a palavra tem significado, e os nativos amigáveis podem explicar esse significado e definir a palavra.

Mas se a linguagem é, em um de seus significados, cultura, a cultura não é completa nem exclusiva nem inteiramente linguagem. A cultura inclui mais do que a linguagem porque a linguagem não é o *único* sistema possível de símbolos e significados. Isso significa que podem existir, e frequentemente existem, unidades culturais sem palavras ou nomes simples e singulares para elas. Isso significa que há unidades que podem ser descritas em palavras e identificadas como unidades culturais, mas que não têm nomes no sentido especial do lexema singular, como o nome para o cachorro é "cachorro" ou o nome para o executivo-chefe do governo dos Estados Unidos é "presidente".

Neste livro eu me preocupo menos com a pergunta sobre se uma unidade cultural tem um nome singular ou composto, ou se só pode ser designada por meio de uma série de sentenças, e mais com a definição e diferenciação das próprias unidades culturais. É vital saber que as categorias ou unidades culturais muito frequentemente têm nomes de lexemas singulares e que um dos modos mais importantes de começar uma descrição dessas unidades é obter uma coleção desses nomes de lexemas singulares e tentar descobrir o que eles significam.

É igualmente vital saber que as categorias e unidades culturais muitas vezes não têm nomes de lexemas singulares, e que a descrição das unidades culturais não termina de forma alguma quando se compila uma lista completa de nomes com seus significados.

É útil reafirmar isso de outro modo. A análise *semântica* de um sistema de lexemas não é isomórfica com a descrição do sistema de categorias ou unidades culturais, mesmo que ainda seja uma questão aberta saber se a análise semântica de um lexema singular dentro de um sistema de lexemas é isomórfica com a análise ou descrição da unidade cultural singular da qual esse lexema pode ser uma parte.

Posso colocar isso de um modo muito simples. Os significados dos nomes isolados não são exatamente o mesmo que os significados das unidades culturais. Isso ocorre necessariamente porque algumas unidades culturais não têm nomes. Como este livro trata das unidades culturais, e como os nomes são partes muito importantes das unidades culturais, este livro os utiliza e lida com eles; mas os nomes são apenas uma entre muitas partes do tema da descrição – eles não são o objeto da descrição.

As palavras, enquanto nomes para unidades culturais, são uma das melhores formas para começar a descobrir quais são as unidades culturais. Mas elas têm uma característica fundamental que precisa ser levada em conta. Uma palavra nunca tem um único significado, exceto num conjunto-limite de circunstâncias. Quando uma palavra está sendo utilizada nas fronteiras muito estreitas de um enunciado científico controlado rigidamente, onde o significado é definido explicitamente em termos unitários para essa ocasião ou uso em particular, quaisquer outros significados que a palavra possa ter são suprimidos e o significado definido é seu único significado. Mas como dificilmente as palavras são usadas dessa forma, e isso só ocorre raramente, se é que ocorre, na cultura "natural", essa limitação pode ser ignorada com segurança para mantermos firmemente em nossa mente a natureza polissêmica das palavras.

Simplesmente saber que uma palavra pode ter muitos significados, e simplesmente saber quais são os muitos significados que uma palavra pode ter não é o bastante. O que é necessário é saber qual dos muitos significados se aplica quando, e qual dos muitos significados não se aplica ou não é relevante sob quais circunstâncias; e, finalmente, como os significados diferentes da palavra se relacionam entre si. Essa questão também se torna bastante importante no material que se segue, e por isso eu a afirmei em seus termos mais gerais aqui.

II

Comecei com a afirmação que uma unidade cultural (ou construto cultural) precisa ser distinguida de qualquer outro objeto em algum outro lugar no mundo real, e que a unidade ou construto cultural tem uma realidade própria. O fantasma e o morto, enquanto construtos culturais, são elementos inteiramente reais e demonstráveis mesmo que, num nível completamente diferente, fantasmas não existam, mas homens mortos sim. Este assunto logo levou ao problema da relação entre unidades culturais e as palavras que as nomeiam, e à afirmação que uma descrição semântica coincide em parte com uma descrição cultural, mas não é idêntica a ela, pois categorias culturais significativas nem sempre têm nomes.

Agora preciso voltar ao ponto de partida mais uma vez para explicitar algumas outras implicações da afirmação básica de que a cultura precisa ser distinguida de outros objetos no mundo real.

Num sentido, a cultura certamente é uma regularidade do comportamento humano, e, enquanto tal, ela é inteiramente objetiva e real. Mas isso não significa que qualquer regularidade observável, definível e demonstrável do comportamento humano seja cultura. Isso também não significa que a cultura possa ser inferida diretamente a partir de qualquer padrão regular de comportamento humano.

Entre os modos diferentes pelos quais símbolos podem ser considerados, um deles consiste na definição e diferenciação de pessoas em interação. Esse é o conjunto de regras que especificam quem deve fazer o quê sob quais circunstâncias. É a pergunta que procede do fato de que os membros de uma dada cultura têm chefes e conselheiros a quem podem perguntar quais são seus direitos e deveres, quais são seus papéis, quais regras devem guiar e governar aquilo que fazem. Elas são os padrões, os guias, as normas para como a ação deve proceder, para como as pessoas de definições culturais diferentes devem se comportar.

Mas os construtos culturais, os símbolos culturais, são *diferentes* de qualquer padrão sistemático, regular e verificável de comportamentos reais observados. Ou seja, o padrão do comportamento observado é diferente da cultura. Isso não ocorre porque a cultura não é comportamento. A cultura *é* comportamento observável e real, mas apenas de um tipo especialmente restrito.

Um exemplo pode ajudar aqui. Na cultura americana existe uma unidade definida culturalmente chamada "policial". O papel do policial é definido como o de aplicar a lei. Um conjunto de leis consiste em leis de trânsito com as quais todos temos familiaridade. O motorista de um veículo (outra unidade definida culturalmente) deve parar num semáforo vermelho, e partir quando o semáforo estiver verde. Tudo isso são unidades num domínio cultural.

Se o motorista para quando o semáforo está vermelho e parte quando ele está verde, o policial não age. Mas se o motorista parte quando o semáforo está vermelho e para quando está verde, o policial deve dar ao motorista uma multa ou uma intimação por desobedecer a lei.

Ora, está claro que a definição das unidades e o enunciado das regras é bastante diferente de realmente sairmos para uma esquina para observar o comportamento dos motoristas e policiais. Depois de alguma observação sistemática, podemos descobrir que a maioria dos motoristas, mas nem todos, não desobedece semáforos vermelhos, que eles realmente tendem a colocar seus veículos em movimento quando a luz fica verde, e que há uma taxa especificável segundo a qual intimações de trânsito são distribuídas para aqueles motoristas que realmente desobedecem semáforos vermelhos e que não partem em semáforos verdes.

A distinção entre a definição das unidades e das regras, por um lado (cultura) e os padrões de comportamento real derivados da observação do comportamento em semáforos de trânsito, por outro lado, é fundamental para este livro. *Este livro trata das definições das unidades e das regras, a cultura do parentesco americano; ele não trata dos padrões de comportamento formulados por observações sistemáticas de cada uma de suas ocorrências reais.*

O que é igualmente importante é que esses dois aspectos devem ser compreendidos como *independentes* um do outro, sem estar numa relação tautológica. Ou seja, a definição das unidades e das regras *não* se baseia, não é definida, não é construída, nem é desenvolvida em termos das observações do comportamento em nenhum sentido direto e simples.

Voltemos mais uma vez para o semáforo de trânsito e a esquina. Como sabemos que há uma regra contra dirigir com o semáforo vermelho, a não ser observando o que acontece? Os carros geralmente não andam com o semáforo vermelho. Como sabemos que existe uma coisa chamada policial, a não ser observando-o parar motoristas e emitir multas quando eles atravessam um semáforo vermelho? Como sabemos que o policial não é apenas outro motorista com roupas diferentes, a não ser observando-o emitir intimações, mas não as recebendo?

Quando observamos uma regularidade de comportamento que ocorre numa situação dada por um período de tempo, e quando essa regularidade consiste em observações visuais ou afirmações dos próprios atores que essa regularidade existe – "as pessoas nesta cidade param em semáforos vermelhos" – então realmente há motivo para suspeitar, ou podemos formular a hipótese, de que há unidades e regras culturais implicadas nessa regularidade.

Entretanto, mais uma vez, a regularidade "as pessoas realmente param em semáforos vermelhos" é diferente, de modo importante e fundamental, da regularidade "as pessoas devem, por lei, parar em semáforos vermelhos". A primeira pode ou não implicar a segunda. E, como este livro busca localizar as unidades e regras culturais, a presença de regularidades observáveis é apenas uma sugestão de onde procurá-las. Os dois tipos podem e devem ser mantidos separados; a evidência para a existência de uma unidade ou regra cultural não pode se basear em nenhuma regularidade observada de instâncias reais do comportamento em si.

Esse é fundamentalmente o mesmo problema, mesmo neste aspecto, que o problema mencionado anteriormente com o exemplo dos fantasmas. E o que importa continua a ser que a regra ou unidade cultural existe num nível de observação cultural, sem levar em consideração o nível de instâncias específicas e ocorrências concretas. Nenhuma quantidade de observações diretas do comportamento dos próprios fantasmas fornecerá qualquer informação sobre como o construto cultural do fantasma é formulado. Observações visuais diretas podem certamente fornecer *hipóteses*, mas apenas hipóteses, sobre as unidades e as regras de semáforos de trânsito enquanto construtos culturais, mas mesmo num caso desses é discutível a questão de se essa maneira de produzir hipóteses sobre os construtos culturais é muito útil.

Como é perfeitamente possível formular, comunicar, descrever e compreender o construto cultural dos fantasmas sem efetivamente inspecionar visualmente nem sequer um espécime, isso deve ter validade geral e sem referência ao caráter observável ou não dos objetos que supostamente são os referentes dos construtos culturais.

Porém, vejamos agora um problema da mesma ordem, mas colocado de modo um tanto diferente. Suponha que sabemos que existem as unidades culturais X, Y e Z. E suponha que a regra seja que as unidades X e Y nunca aparecem juntas, mas X sempre aparece associada a Z. Agora nós observamos o que efetivamente acontece numa amostra de casos selecionada cuidadosamente. A observação direta mostra que, em 32,7% dos casos, X e Y aparecem juntos (contrário à regra!) e que em nenhuma instância observada Z ocorre quando X está presente (contrário à regra em 100% dos casos!).

Será que nós então inferimos que a regra é fraca quando 32,7% dos casos desviam dela, e que ela não existe quando 100% dos casos não se conformam a ela? De modo algum. A questão de se existe uma regra formulada como uma regra cultural não pode ser decidida com base em tais evidências. Falando simplesmente, a evidência é inteiramente irrelevante para a pergunta de se existe ou não uma unidade cultural, um conceito cultural, uma regra cultural ou uma entidade cultural.

Esse problema tem uma outra direção que deve ser considerada. Poderíamos desenvolver o argumento deste modo: as unidades culturais, construtos, regras, e assim por diante não são simplesmente "dadas". Elas não são, ao contrário da mitologia, entregues do céu para permanecer no mesmo estado até serem tomadas de volta pelos deuses que as inventaram. Elas surgem, elas crescem, elas mudam. Elas podem ou não responder a condições reais da vida, a pressões populacionais diferentes, a condições ecológicas diferentes, a escassez de comida ou a preponderância da doença, as alegrias e sofrimentos da vida. Um problema essencial, então, é mapear a relação entre os estados de coisas reais e os construtos culturais para que possamos descobrir como os construtos culturais são gerados, quais as leis que governam sua mudança, e exatamente de que modos eles se relacionam sistematicamente com os estados de coisas reais da vida.

Não há dúvida de que esse é apenas um entre vários problemas legítimos e interessantes. Mas não é o problema que escolhi. Eu mencionei os outros para distinguir claramente meu problema de outros problemas aparentemente semelhantes, e para esclarecer certas pressuposições que são fundamentais para o problema que escolhi.

Esse problema pressupõe que o nível cultural de observação pode ser distinguido de todos os outros; que as unidades e construtos culturais podem ser descritos independentemente de todos os outros níveis de observação; e que a cultura, isolada desse modo, pode ser examinada para ver quais são seus símbolos centrais (se existirem símbolos centrais); como o significado é elaborado sistematicamente (se ele for elaborado sistematicamente) por todas as suas partes diferenciadas; e como as partes são diferenciadas e articuladas como unidades culturais (se forem articuladas dessa forma).

Então, nos termos mais gerais, o problema que coloquei é o de descrever e tratar a cultura como um sistema independente e de analisá-la em seus próprios termos; ou seja, como um sistema coerente de símbolos e significados.

O objetivo específico deste livro é descrever o sistema de símbolos e significados do parentesco americano. Ele tenta mostrar a definição cultural das unidades do parentesco americano como elas ocorrem na cultura americana. Ele também tenta mostrar as regras, formuladas como uma parte do sistema cultural, que mostram como tais unidades se relacionam e não se relacionam entre si, as formas simbólicas nas quais as unidades e suas relações são moldadas, e os significados ligados a esses símbolos. É nesse sentido que o subtítulo do livro, "Uma exposição cultural", deve ser compreendido.

III

Tendo em vista esse objetivo, como as unidades culturais são localizadas, descritas e definidas? As observações que fornecem regras culturais, construtos, unidades, símbolos e significados são feitas com quais métodos? Que dados devem ser coletados para esse propósito, e por quais métodos?

Um psicólogo pode utilizar *sujeitos* em seus experimentos, um sociólogo pode contar seus *participantes* numa pesquisa de opinião ou atitude, um psiquiatra pode descrever seus *pacientes*. Mas um antropólogo, onde a cultura é o objeto de seu estudo, utiliza *informantes*.

Além disso, enquanto um sociólogo pode utilizar uma *amostra* de participantes, ou um crítico pode atacar a aplicabilidade geral dos resultados de um psicólogo impugnando sua amostra, o melhor que se pode dizer para um antropólogo é que ele tem um bom *grupo* de informantes. E devemos notar que um sociólogo *escolhe* uma amostra ou *seleciona* sua amostra, enquanto o antropólogo muitas vezes é selecionado por seus informantes. Alguns dos melhores informantes se selecionam.

Essas palavras diferentes têm significados diferentes, e não é acidente que o antropólogo frequentemente utiliza informantes em vez de sujeitos, participantes ou pacientes, e que os informantes vêm em grupos, não em amostras, e que eles muitas vezes se selecionam.

O informante se distingue por aquilo que se busca dele e pela relação que o antropólogo tem com ele. É precisamente porque o antropólogo não compreende a cultura nativa, não sabe quais são as unidades dessa cultura, e tem apenas uma ideia muito vaga dos modos pelos quais essas unidades podem ser relacionadas, que ele recorre a um informante.

Num sentido bastante fundamental, o antropólogo é como uma criança que precisa ser socializada. Ele precisa ser ensinado o que é certo e o que é errado de acordo com os padrões da cultura que ele estuda. Ele precisa aprender o que fazer e o que não fazer, como fazer e como não fazer, o que vale a pena fazer e o que não vale. Ele precisa aprender os nomes das coisas e quais são suas propriedades, quais são seus valores e que perigos estão sob elas, ou por trás delas, ou dentro delas ou ao redor delas. E, exatamente como uma criança, uma das coisas mais importantes que ele tem que aprender é a linguagem; é só quando aprende a falar a língua bem o suficiente que ele realmente começa a perceber as sutilezas e a textura completa do tecido da cultura que ele estuda.

Quando um antropólogo vai a campo para estudar uma cultura, ele geralmente começa aprendendo a linguagem. Portanto, seus professores de idioma tendem a se tornar seus primeiros informantes, e às vezes os mais importantes. Ele trabalha com eles por longos períodos de tempo, aprendendo o vocabulário, aprendendo os nomes das coisas, aprendendo a dizer coisas simples, distinguindo uma forma gramatical de outra, compreendendo a sintaxe. Numa situação desse tipo há uma relação de longo prazo onde o informante se torna responsável por manter os padrões – ele precisa ensinar seu aluno a falar corretamente – e o antropólogo procura, busca, tenta, experimenta, brinca, explora e fuça com tudo. Ele não para de fazer as perguntas mais amplas e mais bobas, as perguntas mais simples e mais malucas. "Por quê?" é o paradigma de todas elas. Por que o final diferente? Por que as palavras estão nessa ordem e não naquela? Por que não essa palavra? Por que não dizer isso deste jeito? Por que ela deve soar assim?

Alguns informantes têm algumas ideias sobre a estrutura da linguagem que eles mesmos utilizam. Eles têm algumas noções práticas sobre a gramática, algumas generalizações sobre a sintaxe, pelo menos algumas regras informais sobre os sons. O modelo que o nativo tem sobre sua própria linguagem não é, obviamente, a mesma coisa que sua linguagem, e nem é o mesmo modelo que o antropólogo poderia construir. Mas informantes bons se distinguem de informantes ruins pelo fato de que os primeiros são capazes de oferecer percepções e generalizações úteis, conseguem apresentar ideias que são sempre de algum valor. Um informante ruim só é capaz de dizer sim ou não, certo ou errado, e de fornecer uma série infinita de respostas "Eu não sei". Mas tanto o informante bom quanto o ruim falam a língua corretamente.

Os estágios finais do aprendizado de uma linguagem no campo são aqueles onde a linguagem é utilizada ativamente como a ferramenta de pesquisa, onde ela é o meio através do qual uma série cada vez mais ampla de perguntas pode ser feita para um conjunto cada vez mais amplo de informantes diferentes, onde os fatos podem ser conferidos rápida e facilmente, e palpites e hipóteses podem ser testados com vários nativos diferentes. Aqui, o vocabulário se expande de uma boa base de trabalho para a fluência, e o trabalhador de campo pode perceber as nuanças, alusões, metáforas, o senso de poesia e ritmo que as primeiras lições hesitantes jamais podem comunicar.

Apesar de a linguagem ser uma parte da cultura, e ser a chave para a cultura, qualquer cultura em particular é maior do que apenas sua linguagem; entretanto, a linguagem sempre é o principal meio através do qual a comunicação ocorre.

Aprender uma cultura, então, ocorre aprendendo sua linguagem, mas aprender a cultura consiste em mais do que apenas aprender a linguagem. Porém, aprender a cultura é exatamente como aprender a linguagem.

Portanto, a relação com o informante é um dos elementos cruciais na aprendizagem da cultura. O informante precisa compreender a mensagem de que o antropólogo quer saber o que o informante pensa sobre o assunto, como ele o enxerga, como ele o entende, o que o assunto significa para ele, como ele é. No começo, é vital que o antropólogo assuma a posição de que sabe tão pouco sobre o assunto que não é sequer capaz de formular uma pergunta inteligente. E a situação, de fato, é exatamente essa, esteja o antropólogo aprendendo categorias gramaticais ou de parentesco. A posição fundamental do antropólogo é que ele não sabe absolutamente nada, mas que ele é capaz de aprender e está ansioso para fazê-lo.

Essa é a condição fundamental de trabalho com um informante para localizar, definir e descrever unidades ou categorias ou construtos culturais. Quanto mais rígido for o quadro que o trabalhador de campo apresenta para o nativo, mais provável será que o informante se comportará como um ser humano e preencherá *apenas esse* quadro para ele. Quanto mais certeza o trabalhador de campo tiver de que sabe exatamente o que quer e exatamente o que procurar, mais provável será que o informante se comportará como um ser humano decente e o ajudará a encontrar exatamente isso e nada mais. Quanto mais claramente o trabalhador de campo tiver em mente o que está procurando, menos provável será que ele descubra quais são as categorias culturais dos nativos; como os nativos as definem, as constroem e as manipulam; ou o que elas significam para os nativos.

Pelo mesmo motivo, a regra fundamental do trabalho de campo é que o informante raramente, ou quase nunca, está errado, nunca fornece dados irrelevantes, e é incapaz de uma enganação *pura*. Com a exceção de erros de audição simples etc., a integridade do informante e a integridade dos dados são invioláveis, e não consigo pensar em nenhuma exceção a essa regra.

Segue-se que nenhum método de campo em particular é necessariamente bom ou necessariamente ruim, ou que deve ser evitado por princípio, exceto, é claro, os métodos que não são éticos. Vejamos, por exemplo, a pergunta enviesada ou capciosa. Se uma pesquisa consistir em fazer um conjunto pequeno de perguntas para uma amostra de participantes numa única ocasião, a pergunta enviesada deve ser evitada, porque ela tenderá a favorecer um tipo particular de resposta. Como essas perguntas constituirão o universo inteiro dos dados – ou quase todo o universo dos dados relevantes – as conclusões serão enviesadas pela forma que a pergunta foi feita.

No trabalho com informantes onde o objetivo é localizar, descrever e analisar unidades e construtos culturais, coleta-se uma massa de dados que consiste num grande número de tipos diferentes coletados durante períodos diferentes de tempo. A partir desses dados, hipóteses de teste são formuladas, que são então referidas novamente aos dados dos quais elas supostamente emergiram para torná-las consistentes com esses dados. As hipóteses são então conferidas com dados novos quando eles aparecem, e particularmente com dados novos que são extraídos de modo a permitir refutar o construto hipotético. Nessa situação, então, o que seria uma pergunta enviesada numa pesquisa se torna uma hipótese de teste perfeitamente aceitável. "Vocês acreditam em bruxas, não é?" é uma pergunta enviesada. E ela certamente não é confirmada nem negada por uma somatória de "sins" e "nãos" de um corte transversal da aldeia. Existem circunstâncias bem conhecidas onde, embora possamos demonstrar que os nativos acreditam em bruxas, nenhum nativo dará uma resposta afirmativa a uma pergunta feita dessa forma.

Mas por que então fazer a pergunta dessa forma? A resposta tem que ser "por que não?" Pois devemos pressupor que qualquer tipo de pergunta, feita de qualquer forma, fornece algum tipo de dado de alguma importância para a tarefa de localizar as unidades culturais e suas definições e significados, e de distinguir isso das regularidades de todos os tipos que não são as regras formuladas culturalmente.

Mas há uma outra resposta para "Por que não?" que depende do estado do conhecimento que o antropólogo tem no momento. No início, quando não há dados e há apenas um conjunto enorme de hipóteses, quase qualquer dado tem relevância direta. Depois, com o acúmulo de dados, muitos tornam-se redundantes, afirmando e reafirmando a mesma coisa. É neste ponto que as hipóteses sobre o que são e o que não são unidades culturais, suas definiçõese seus modos de articulação tornam-se cruciais. E é neste ponto que a pergunta estratégica que separa uma hipótese boa de uma ruim, uma formulação aceitável de uma que não funciona, torna-se necessária. Se a pergunta é ou não enviesada importa menos que se a pergunta pode gerar os dados cruciais para separar uma hipótese falsa de uma boa.

O trabalhador de campo não apenas trabalha em várias situações diferentes com um informante, fazendo várias perguntas diferentes de vários modos diferentes, explorando, formulando, jogando, experimentando construtos diferentes, mas também sua relação com o informante se torna ela própria um dado crucial. Pede-se ao informante para refletir, pensar, dizer por que ele fez ou não fez certas coisas, lembrar o que outros disseram e não disseram. Ele tende a se interessar imensamente pelo assunto e, num sentido muito importante, ele se torna o antropólogo. Ele tenta encontrar respostas, compreensões, percepções não apenas para ajudar seu antropólogo, mas também porque ele próprio descobriu uma pergunta intelectual ou emocionalmente intrigante.

Vale a pena dar mais um passo e listar os tipos e o volume de dados coletados em Chicago, e em outros locais, nos quais este livro se baseia.

O grande bloco de dados principal vem de entrevistas em Chicago durante o outono de 1961 e o fim do verão de 1963, e consiste em mais de seis mil páginas de relatos de entrevistas datilografados (não são transcrições de fitas, mas são as lembranças mais literais possíveis) com 102 pessoas, das quais 94 eram marido e esposa (normalmente entrevistados separadamente), e o resto eram apenas esposas (com exceção de uma mulher e seu filho adulto). Além disso, 43 genealogias excelentes foram obtidas das 53 famílias (as primeiras dez genealogias não eram muito boas porque levamos um tempo para aprender como obter uma genealogia); listas de convites de casamento, listas de presentes de casamento, listas de cartões de Natal, listagens de lotes de cemitérios, livros funerários e um boletim de notícias familiares mimeografado completaram os dados dessas 53 famílias[2].

Em 1965, depois de eu realizar uma análise preliminar desse material, a Sra. Linda Wolf conduziu entrevistas com 99 crianças de seis a dezoito anos e com suas mães sobre o conhecimento das crianças sobre seus parentes, sua visão dos significados e usos de termos de parentesco e suas definições de questões de parentes e parentesco. Aqui, as crianças foram entrevistadas uma ou duas vezes, raramente mais do que isso. Essas crianças não eram das famílias do primeiro grupo entrevistado.

Os informantes adultos de Chicago eram brancos de classe média, alguns dos quais eram católicos, outros protestantes, outros judeus; de identidade

---

2. Para uma descrição completa do trabalho de campo, métodos de campo e de problemas especiais do trabalho de campo deste tipo, cf. WOLF, L. *Anthropological Interviewing in Chicago*. Chicago: [mimeo.], 1964 [American Kinship Projects Monograph #1].

étnica anglo-saxônica antiga, alemã, polonesa, tcheca, irlandesa, grega, italiana e judaica[3].

Mas este livro não depende apenas desses dados. Ele levou em conta materiais coletados em um estudo anterior feito entre os alunos de pós-graduação e professores do Departamento de Relações Sociais na Universidade Harvard[4], materiais coletados informalmente de amigos; vizinhos; colegas; conhecidos; relatos de jornais; colunas de jornais; a literatura de revistas profissionais de sociologia, psiquiatria, psicologia e antropologia; relatos de alunos; e fontes tão autênticas quanto as anteriores, mas não sistemáticas.

A fonte final de informações, obviamente, é minha própria experiência pessoal, já que eu nasci e fui criado nos Estados Unidos, sou um falante nativo da língua e vivi nos Estados Unidos por quase toda a minha vida. (Eu devo acrescentar que, em minha opinião, eu não sou um informante ruim, mas já trabalhei com informantes melhores.)

Um conjunto tão diverso de fontes pode, é claro, ser encarado como uma amostra no sentido técnico de que todos os segmentos principais da população dos Estados Unidos estão representados de algum modo. Eles podem estar representados diretamente por informantes, ou indiretamente pelas minhas leituras da literatura antropológica, sociológica, psicológica e psiquiátrica, além de

---

3. Uma série de volumes está agora em preparação ativa, e disponibilizará grande parte dos dados de Chicago num futuro próximo. Primeiro, as genealogias de mais de 40 famílias foram codificadas e transferidas para fitas de computador. Esse material inclui nome, idade, sexo, religião, ocupação, residência e os tipos e frequência diferentes de contato com todos os outros na genealogia para cada pessoa listada. Grande parte da análise desse material está completa e sendo redigida para publicação enquanto escrevo este texto. Segundo, um volume sobre os métodos de campo utilizados está disponível atualmente apenas em forma de rascunho mimeografado. Ele será revisado para publicação. Terceiro, uma comparação sistemática das genealogias de pais e seus filhos obtidas independentemente uns dos outros fornecerá a base para um estudo do que chamei de "descascar". Isso significa quais partes do universo de parentes dos pais é transmitida para o filho, quais são as perdas, quais são os processos dessa transmissão, e assim por diante. A análise do material está quase completa no momento. Quarto, está planejada uma análise curta do conhecimento que as crianças têm de parentes. Isso inclui as definições das crianças de categorias de parentesco, sua visão do universo familiar e dos parentes e uma análise especial das discrepâncias entre o inventário de parentes e de definições das categorias da criança e de sua mãe. Quinto, um estudo especial de relações de casamento, começando com o casamento do próprio Ego e de relações subsequentes baseadas principalmente nos materiais de entrevistas. Isso deve disponibilizar os dados consideráveis sobre listas de convites de casamento, listas de presentes e parentes por afinidade subsequentes contidos agora nos arquivos. Sexto, um estudo de funerais e do comportamento de parentes em funerais está planejado, mas a análise desse material ainda não começou. Sétimo, um volume sobre classe e parentesco foi iniciado, mas ainda não avançou muito. Estudos posteriores serão realizados quando estes já estiverem quase completos ou já publicados. Enquanto isso, não é preciso dizer que os arquivos e todo o material de campo estão disponíveis para acadêmicos qualificados e interessados em Chicago.

4. Cf. SCHNEIDER, D.M. & HOMANS, G.C. "Kinship Terminology and the American Kinship System". *American Anthropologist*, 57, 1955, p. 1.194-1.208.

biografias, autobiografias, romances e discussões com cientistas sociais que têm conhecimento direto de algum subgrupo. Com "segmentos principais" quero dizer brancos, negros, chineses, japoneses, gregos, alemães, tchecos, irlandeses, hispano-americanos, italianos, ingleses, escoceses, poloneses, protestantes, católicos, judeus, cidadãos do nordeste, do meio-oeste, do sul, da costa oeste, de classe alta, média e baixa. Certamente existem muitos grupos pequenos sobre os quais tenho poucas informações diretas ou indiretas. Por exemplo, embora eu tenha lido grande parte da literatura disponível sobre as regiões dos montes Ozark e dos Apalaches, eu me sinto confiante para falar apenas das características mais gerais do parentesco e da vida familiar nessas regiões. Mas nada do que eu digo neste livro é inconsistente com o que eu sei.

IV

Se isso é uma amostra no sentido de que dados de cada segmento principal da população dos Estados Unidos tiveram uma chance de ser levados em conta, é uma amostra "planejada" com referência aos objetivos do estudo. Pois os objetivos do estudo têm a ver com construtos culturais, e não com distribuições de frequência. Por exemplo, o estudo busca mostrar que "papai" é um termo de parentesco, o que ele significa, como ele se articula num sistema de termos de parentesco; ele não busca mostrar que porcentagem de pessoas de quais subgrupos dizem que usam o termo. O estudo também não busca simplesmente mostrar que algo está ou não presente, o que é bem diferente da pergunta de sua taxa de ocorrência. Pois a pergunta não é se certos eventos ocorrem ou não, mas sim de localizar e compreender as unidades culturais.

A razão para incluir dados de todos os segmentos principais da população dos Estados Unidos é lidar com a pergunta de se há tantos sistemas de parentesco diferentes quanto há subgrupos diferentes nos Estados Unidos, ou se há um único sistema ou uma combinação de sistemas dominantes e variantes. O único modo de descobrir, obviamente, é analisando os dados.

Nunca houve nenhuma dúvida de que existe uma variação de grupo para grupo no parentesco e nas práticas familiares americanas. O problema é estabelecer seu tipo e significado. A literatura sociológica, psicológica e psiquiátrica contém várias discussões de diferenças entre grupos de classe, raça, etnia e religião. Mas essas diferenças muitas vezes são relatadas como diferenças de *taxas*. Por exemplo, a alta taxa de lares sem pais e sem maridos entre os negros de classe baixa em comparação com brancos de classe média é assunto de discussões consideráveis hoje em dia, e boa parte delas concentra-se na pergunta a respeito de se essa diferença de taxas pode ser explicada em termos da sobrevivência de práticas que se formaram durante o período da escravidão americana, ou como um resultado direto de desvantagens econômicas e sociais.

Entretanto, a não ser que uma diferença de taxas reflita uma diferença de forma cultural, isso não é diretamente relevante para o meu problema. Ou seja, se a prevalência de famílias matrifocais na classe baixa segue-se do fato (p. ex.) que elas não têm a mesma definição de família que a classe média, então isso teria importância enorme para este estudo. Mas se a prevalência de famílias matrifocais na classe baixa for uma consequência direta da privação econômica, então ela não é uma forma cultural diferente e não é uma base para pressupor que exista mais de um tipo de sistema de parentesco nos Estados Unidos.

Entretanto, um outro exemplo coloca a questão sob uma luz diferente. Durante o trabalho de campo em Chicago, os informantes muitas vezes insistiram que seu grupo étnico particular tinha características de família distintas ou típicas que eram diferentes de todas as outras nos Estados Unidos. Como essa era uma pergunta em que eu estava interessado desde o começo deste estudo, essas pistas foram perseguidas de forma incessante, mas delicada. Por um longo período de visitas, nós perguntávamos a cada informante: "O que distingue a família de seu grupo étnico particular?" As respostas foram esclarecedoras. Para os italianos, a questão era bastante simples; não é possível compreender a família italiana nos Estados Unidos até que se compreenda a mãe italiana. Para os irlandeses, a questão era igualmente clara; não é realmente possível compreender a família irlandesa a não ser que se compreenda o lugar especial da mãe irlandesa. Para os judeus, a questão estava acima de qualquer dúvida; é impossível compreender totalmente as complexidades e qualidades especiais da vida familiar judaica sem compreender a mãe judia. Não parece ser necessário adicionar que o primeiro passo para compreender as mães é compreender o lugar especial que a comida tem na família, e isso leva diretamente para o problema de unidades culturais, símbolos, os significados dessas unidades e símbolos, e como eles se articulam.

Com efeito, a situação é muito mais complexa do que sugerem esses exemplos simples. Quase todo tipo concebível de variação parece estar presente no parentesco e nas práticas familiares americanas. Na verdade, essa afirmação é nada mais do que o obverso da flexibilidade, adaptabilidade e fluidez do sistema, citadas tão frequentemente. E isso não é nada mais do que reiterar o ponto bem-estabelecido de que o parentesco e as práticas familiares dos americanos não foram um obstáculo para o desenvolvimento econômico, como ocorreu em outros países, e eles também não impediram a operação de um mercado de trabalho livre ou o desenvolvimento de uma burocracia política baseada no mérito e na competência no lugar de direitos hereditários ou nepotistas. Um sistema tão fluido e flexível deve ser um sistema onde existe um alto grau de variância.

Passando longe de tais considerações, a observação direta sugere quase imediatamente que o sistema é caracterizado por um grau muito alto de variância e uma ausência correspondente de áreas de rigidez, e essa impressão pode fazer o trabalhador de campo se perguntar se o sistema realmente possui qualquer estrutura!

A pergunta de se há um único sistema de parentesco ou vários sistemas de parentesco não pode ser estudada diretamente nesses termos, pois o problema todo é localizar e analisar precisamente que tipos de variância ocorrem e em que pontos eles ocorrem. Se um tipo de variância é uma questão de taxa e outro tipo uma questão de diferenças básicas na definição cultural, então cada variação deve ser examinada para ver de que tipo ela é.

Como esse é um ponto fundamental para este livro, eu preciso reafirmá-lo mais uma vez. O problema da variância no sistema de parentesco americano é um dos principais problemas de sua descrição e análise. Ele é passível de solução através da distinção da variância de uma ordem cultural e de outros tipos, mas essa solução não pode ser imposta aos dados prematura nem arbitrariamente. A tarefa mais imediata é localizar e estabelecer que tipo de variância está envolvido em cada ponto.

Há quatro tipos de variância discernidos imediatamente no parentesco e nas práticas familiares americanas. O primeiro, e mais óbvio, é o da *taxa*. Aqui, quaisquer que sejam as definições, regras e conceitos culturais, várias forças influem numa população dada de modo que, em dois momentos diferentes, ou para duas partes diferentes da população, existem diferenças na frequência em que um item particular ocorre. A palavra "papaizinho" ("*daddy*"), por exemplo, tem conotações distintamente femininas na parte nordeste dos Estados Unidos – não porque ela é definida como sendo o termo apropriado para mulheres utilizarem, mas porque há uma incidência consideravelmente maior de sua utilização entre mulheres do que entre homens. A utilização de "papaizinho" por homens adultos no sul e no sudoeste tem uma taxa muito maior do que no nordeste, e, como consequência, "papaizinho" não tem as conotações infantis e afeminadas no sul e no sudoeste que tem no nordeste. Outro exemplo é a utilização de "tio" e "tia" para os amigos dos pais. Eu tenho a impressão de que esse uso está desaparecendo agora e era mais frequente há 25 a 40 anos, mas não há evidência de que a definição ou os significados desses termos tenham mudado. Certamente houve uma mudança, mas não está nada claro que a mudança tenha ocorrido no nível cultural na definição desses termos.

Um segundo tipo de variância consiste em *normas alternativas* ou *formas alternativas*. Aqui, qualquer pessoa está livre para escolher qual forma utilizar, e ela pode utilizar todas as alternativas num momento ou outro ou numa situação ou outra. Assim, "pai" e "papai" ("*dad*") são termos alternativos que os americanos podem utilizar e realmente o fazem. A mesma pessoa pode utilizar "pai" e "papai". Qual termo ela escolhe, e quando, depende de várias considerações, e nenhuma delas afeta o fato de que essas são formas alternativas igualmente legítimas.

As formas alternativas não precisam ser da variedade *ou/ou*, elas também podem ser da variedade "algumas sim, outras não". Assim, por exemplo, a questão de se a cônjuge do primo é considerada uma prima e é chamada de "prima", e se a cônjuge ainda viva de um irmão da mãe é ou não considerada um membro da família pode ter formas alternativas. Ambas as formas são "corretas" e podem ser escolhidas por pessoas diferentes, ou pelas mesmas pessoas em momentos diferentes.

Um terceiro tipo de variância consiste em *formas ou normas variantes*. Aqui há um compromisso primário com uma forma particular por um grupo ou segmento particular da população, enquanto outros grupos utilizam outras formas. Entretanto, todos concordam que nenhuma forma particular é "correta" enquanto as outras são "erradas". Três termos para parentes distantes e marginais são exemplos. O termo "parentes de velórios-e-casamentos" seria utilizado principalmente por católicos, "parentes de beijo" ou "primos de beijo" principalmente por sulistas, e "parentes de fralda de camisa" predominantemente por habitantes do meio-oeste. No meio-oeste, quem não é católico entende o que significa "parentes de velórios-e-casamentos", mas normalmente não utiliza o termo porque ele é identificado com o catolicismo. Eles muitas vezes não entendem o que são "primos de beijo", a não ser que conheçam o sul ou tenham se deparado com a pergunta, e eles identificam o termo como sulista. Os sulistas muitas vezes parecem confusos quando "parentes de fralda de camisa" são mencionados, pois o termo é estranho para eles. Eles o compreendem imediatamente quando é explicado, mas o consideram uma marca da vida do norte com a qual eles não se identificam[5].

Um quarto tipo de variância, que na verdade é um tipo especial de taxa, se torna claro quando fazemos uma pergunta que consiga cruzar duas ou mais áreas de definição cultural ou regulação normativa para focar, em vez disso, no resultado de decisões estratégicas que os indivíduos fazem.

Um bom exemplo disso é a pergunta do grau em que relações de parentesco devem ter objetivo ou conteúdo instrumental. Se perguntarmos aos informantes se é melhor pedir dinheiro emprestado a um parente ou a um banco, as respostas variam de "Um parente! É para isso que eles servem!" para "Um banco! É para isso que eles servem!" Se a pergunta utilizar o exemplo de médicos, dentistas ou advogados em vez de bancos, as respostas se dividem de modo muito parecido. A discussão com os informantes que se segue à sua apresentação dessas opiniões trata das mesmas considerações, mas o resultado para qualquer pessoa específica pode ser um ou outro, dependendo de como os valores são calculados. É precisamente por não haver nenhuma estipulação normativa definida culturalmente para contrastar atividades instrumentais com outras que a pergunta está aberta

---

5. Esses termos são explicados na p. 82.

para avaliações estratégicas. Se fizermos a pergunta "Você deve ajudar sua mãe se ela estiver doente?", não há nenhuma divisão entre as respostas, nenhuma condição atenuadora; a prescrição normativa é muito clara: "Sim, de qualquer modo possível".

O problema empírico é, então, localizar as áreas diferentes em que ocorre a variância e identificar o tipo de variância. Não afirmo que esta classificação simples da variância em quatro partes é exaustiva ou definitiva – ela serve apenas para indicar que há uma diferença importante entre a variação de taxa e a variação num nível cultural, e que a pergunta de se podemos encontrar uma distinção útil entre sistemas de parentesco nos Estados Unidos, ou de se há apenas um único sistema, depende de como o problema é colocado e como ele é resolvido. Como a segunda parte do livro deixará claro, eu acredito que é possível, num nível distinto de análise cultural, discutir e descrever um único sistema de parentesco, e, em outro nível, definir e descrever tanto formas alternativas quanto variantes.

V

Tentei enunciar da forma mais clara possível, nesta Introdução, o problema que escolhi e o modo pelo qual eu escolhi trabalhá-lo. Este livro pretende ser uma exposição do sistema de parentesco americano *como um sistema cultural, como um sistema de símbolos, e não como uma "descrição" em qualquer outro nível*.

Este livro *não* deve ser entendido como uma exposição do que os americanos *dizem* quando falam sobre parentesco e família, apesar de ele se basear no que os americanos dizem. Ele *não* é sobre o que os americanos *pensam*, como um processo racional, consciente e cognitivo, sobre o parentesco e a família, apesar de ele se basear em grande parte no que os americanos dizem que pensam sobre parentesco e família. Este livro *não* deve ser construído como uma *descrição* dos papéis e relações que podemos observar os americanos realmente desempenhando em seu comportamento cotidiano em situações de vida familiar, apesar de ele se basear no que os americanos dizem que fazem e no que eles foram observados fazendo.

Este livro é sobre símbolos, os símbolos que são o parentesco americano.

Parte I
As características distintivas que definem a pessoa como um parente

2
Parentes

I

O que os antropólogos chamam de "parentela" ("*kinsmen*") é chamado de "parentes" ("*relatives*"), "pessoas", "povo" ou "família" pelos americanos; o pronome possessivo pode preceder esses termos. Em regiões e dialetos diferentes, várias palavras podem ser utilizadas, mas as pessoas de diferentes partes do país geralmente compreendem umas às outras e compartilham as mesmas definições fundamentais mesmo quando não utilizam os mesmos nomes para as mesmas categorias culturais. Eu utilizarei o termo americano *relative* como um equivalente bastante imperfeito do termo antropológico *kinsman*, mas esta é uma tradução realmente muito imperfeita[1].

A definição explícita que os americanos fornecem imediatamente é que um parente é uma pessoa relacionada por sangue ou por casamento. Aqueles relacionados por casamento podem ser chamados de "por afinidade" ("*in-laws*")[2]. Mas a palavra parente também pode ser utilizada pelos americanos num sentido mais restrito apenas para parentes de sangue, em oposição direta ao parentesco por casamento. Portanto, pode-se dizer: "Não, ela não é uma parente; minha esposa é parente apenas por afinidade". Ou também se pode dizer, com o mesmo grau de propriedade: "Sim, ela é uma parente; ela é minha esposa".

Podemos começar a descobrir o que é um parente na cultura americana tratando dos termos que são os nomes para os tipos de parentes – entre outras coisas – e que marcam o esquema para sua classificação.

Os termos do parentesco americano podem ser divididos em dois grupos. O primeiro grupo pode ser chamado de termos *básicos*, o segundo, termos *derivados*. Termos derivados são compostos por um termo básico mais um mo-

---

1. Em português, o termo "parente" serve para ambos os conceitos – tanto o do senso comum quanto o antropológico [N.T.].

2. É bastante importante notar esta nuança: a tradução literal do termo seria "na lei". O termo jurídico português "por afinidade" perde essa conotação com a ordem legal, que será fundamental para a argumentação posterior do autor [N.T.].

dificador³. "Primo" é um exemplo de um termo básico, "segundo grau" é um modificador particular. "Primo de segundo grau" é um exemplo de um termo derivado. "Pai" é outro exemplo de um termo básico, "por afinidade" é um modificador. "Sogro" é um exemplo de um termo derivado⁴.

Os termos básicos são "pai", "mãe", "irmão", "irmã", "filho", "filha", "tio", "tia", "sobrinho", "sobrinha", "primo", "prima", "marido" e "esposa"⁵. Os modificadores⁶ são *"step-"* (padrasto, enteada etc.), *"-in-law"* (sogro, nora, cunhado etc.), *"foster"* (adotivo, de criação), *"great"* (trisavô, bisneta etc.); *"grand"* (avô, neta etc.), *"first"*, *"second"* etc. (de primeiro grau, de segundo grau etc.), *"once"*, *"twice"* etc., *"removed"*⁷; *"half"* (meio-irmão, meia-irmã), e *"ex-"* (ex-marido etc.). O modificador *"removed"* se aplica apenas a "primo" e "prima". O modificador *"half"* se aplica apenas a "irmão" e "irmã". O modificador *"ex-"* se aplica apenas a parentes por casamento. *"Great"* só modifica "pai", "mãe", "filho" e "filha" quando estes já tiverem sido modificados por *"grand"*. *"Great"* e *"grand"* não modificam "primo", "prima", "irmão", "irmã", "marido" ou "esposa". Quanto ao mais, os modificadores podem ser utilizados com qualquer termo básico⁸.

---

3. Retirei essa distinção entre termos básicos e derivados de GOODENOUGH, W.H. "Yankee Kinship Terminology: A Problem in Componential Analysis". In: HAMMEL, E.A. (ed.). "Formal Semantic Analysis". *American Anthropologist*, 67 (5), 1965, parte 2, p. 259-287.

4. Aqui o leitor perceberá que há uma dificuldade incontornável na tradução da classificação do parentesco de Schneider para o português. A saber, muitos dos termos que, em inglês, são compostos e, portanto, derivados no esquema de Schneider não o são em português – *"father-in-law"* , literalmente, "pai por afinidade", é traduzido por "sogro". Utilizarei, para não provocar estranhamento, os termos portugueses apropriados no decorrer do texto, mas ofereço aqui uma tradução de todos os termos derivados de Schneider que não o são em português. Rogo ao leitor que mantenha esta lista em mente durante a leitura do texto: • Modificador *in-law*: "sogro" (*"father-in-law"*); "sogra" (*"mother-in-law"*); "genro" (*"son-in-law"*); "nora" (*"daughter-in-law"*); "cunhado" (*"brother-in-law"*); "cunhada" (*"sister-in-law"*). • Modificador *grand-*: "avô" (*"grandfather"*); "avó" (*"grandmother"*); "neto" (*"grandson"*), "neta" (*"granddaughter"*). • Modificador *great*: "tio-avô" (*"great uncle"*), "tia-avó" (*"great aunt"*), "sobrinho-neto" (*"great nephew"*), "sobrinha-neta" (*"great niece"*); "bisavô" (*"great grandfather"*); "bisavó" (*"great grandmother"*); "bisneto" (*"great grandson"*); "bisneta" (*"great granddaughter"*); "trisavô" (*"great great grandfather"*) etc. • Modificador *step-*: "padrasto" (*"stepfather"*); "madrasta" (*"stepmother"*); "enteado" (*"stepson"*); "enteada" (*"stepdaughter"*). Os outros modificadores são compostos tanto em inglês quanto português, e são traduzidos normalmente no texto [N.T.].

5. Em português, a tradução de *"wife"* normalmente é "mulher" – *"husband and wife"*, "marido e mulher". Neste livro, escolhi utilizar "esposa" para reservar o termo "mulher" como tradução de *"woman"* – é importante manter essa distinção entre *"wife"* e *"woman"*, como veremos mais tarde, especialmente no cap. 3 [N.T.].

6. Cf. nota 4 deste capítulo [N.T.].

7. Em português, tanto os modificadores *"first, second"* etc.; e *"once removed, twice removed"* etc. tendem a ser traduzidos pelo mesmo termo: "primeiro grau, "segundo grau" etc. Assim, tanto *"second cousin"* quanto *"first cousin once removed"* são traduzidos por "primo de segundo grau" [N.T.].

8. Comparar com GOODENOUGH, W.H. Op. cit. Para a diferença entre a posição dele e a minha, cf. nota 10 na p. 111. É preciso notar também que eu não ofereço essa lista como uma lista

Os modificadores nesse sistema formam dois conjuntos diferentes com duas funções diferentes. Um conjunto de modificadores distingue parentes verdadeiros ou de sangue daqueles que não o são. Estes são os modificadores *"step-"*, *"-in-law"* e *"foster"*, além do modificador *"half"*, que especifica um irmão não completamente de sangue. Portanto, "pai" é um parente de sangue, "irmão de criação" não é. "Filha" é uma parente de sangue, "enteada" não é.

O outro conjunto de modificadores define o alcance dos termos como infinitos. Estes são os modificadores *"great"*, *"grand"*, *"removed"*, *"first"* etc., e *"ex-"*. Ou seja, o alcance ou extensão dos termos não tem limite.

Existem, portanto, dois tipos diferentes de modificadores. Um tipo, o *restritivo*, divide claramente parentes de sangue daqueles em posições comparáveis que não são parentes de sangue. O outro tipo de modificador, o *não restritivo*, simplesmente afirma o alcance irrestrito ou ilimitado de certos parentes.

É preciso notar mais um ponto importante sobre os modificadores. Os modificadores não restritivos marcam a distância, e o fazem de dois modos. O primeiro é por graus de distância. Assim, "primo de primeiro grau" é mais próximo que "primo de segundo grau", "tio" é mais próximo que "tio-avô", "tio-avô" é mais próximo que "tio-bisavô", e assim por diante. O segundo modo de marcar a distância é através de uma base simples "dentro/fora". Marido está dentro, ex-marido está fora. (Mas é bom notar que "primeiro", "segundo" etc. como modificadores de "marido" e "esposa" não marcam proximidade, apenas sucessão no tempo.)

Essa estrutura afirma uma parte substancial da definição do que é e o que não é um parente. O primeiro critério, sangue ou casamento, é central. Os dois tipos de modificadores se unem em suas funções; um protege a integridade dos parentes de sangue mais próximos. O outro coloca os parentes em graus de distância calibrados se eles são parentes de sangue, mas ou "dentro" ou "fora" se eles são parentes por casamento.

---

definitiva ou exaustiva de termos de parentesco americanos. "Pai" (*"parent"*), "criança", "irmão ou irmã" (*"sibling"*), "ancestral", "descendente", "papai", "papi", "papaizinho", "paizinho", "mamãe", "mami", "mamãezinha" etc., poderiam muito bem ser considerados como candidatos para tal lista, junto a termos como "velho", "velha", "senhora", "chefe", e assim por diante. Realmente não é possível pressupor que há um léxico ou vocabulário finito de termos de parentesco sem antes oferecer uma definição clara do que exatamente é um termo de parentesco e se essa definição é imposta aos dados para propósitos analíticos ou se é uma definição inerente à própria cultura. Como eu não realizo aqui nem uma análise de termos de parentesco nem de termos para parentes, guardarei essas perguntas para uma outra ocasião. Meu objetivo aqui é simplesmente utilizar alguns termos que têm significados de parentesco definidos na cultura americana como um caminho para começar a descobrir qual é a definição cultural americana de um parente.

II

Se um parente é uma pessoa relacionada "por sangue", o que isso quer dizer na cultura americana?

A relação de sangue, como definida no parentesco americano, é formulada em termos biogenéticos concretos. A concepção segue-se a um ato único de relação sexual entre um homem, como genitor, e uma mulher, como genetriz. Na concepção, metade da substância biogenética que compõe a criança é contribuída pela genetriz, a outra metade pelo genitor. Portanto, cada pessoa tem 100% desse material, mas 50% vêm de sua mãe e 50% de seu pai no momento de sua concepção, e, dessa forma, é seu "de nascença".

Apesar de a criança receber parte da composição da mãe e parte da composição do pai, nem a mãe nem o pai compartilham essa composição uma com o outro. Como uma mulher não é "feita de" material biogenético de seu marido, ela não é sua parente de sangue. Mas ela é parente de sangue de seu filho precisamente porque a mãe e o filho são ambos "feitos", parcialmente, do mesmo material. Isso também ocorre entre o pai e o filho.

Acredita-se, no parentesco americano, que tanto o pai quanto a mãe dão substancialmente os mesmos tipos e quantidades de material para o filho, e que a identidade biogenética inteira da criança, ou qualquer parte dela, vem metade da mãe, metade do pai. Não se acredita que o pai fornece o osso, e a mãe, a carne, por exemplo, ou que o pai fornece a inteligência e a mãe, a aparência.

Na concepção cultural americana, o parentesco é definido como biogenético. Essa definição diz que o parentesco é o que quer que seja a relação biogenética. Se a ciência descobre novos fatos sobre a relação biogenética, então isso é o que o parentesco é e sempre foi, mesmo que isso não fosse conhecido em épocas anteriores.

Portanto, os fatos da natureza reais, verdadeiros e verificáveis são o que a formulação cultural é. E os fatos da ciência reais, verdadeiros e objetivos (que também são, obviamente, os fatos da natureza) são que o pai e a mãe fornecem metade da constituição biogenética de seu filho[9].

A relação que é "real" ou "verdadeira" ou "de sangue" ou "de nascença" jamais pode ser rompida, qualquer que seja sua posição legal. Direitos legais po-

---

9. A premissa cultural é que os fatos da natureza reais, verdadeiros e objetivos sobre as relações biogenéticas são o que o parentesco "é". Mas não se segue que todo fato da natureza estabelecido pela ciência será automática e inquestionavelmente aceito ou assimilado como parte da natureza do parentesco. As pessoas podem simplesmente negar que uma descoberta científica seja verdadeira e, portanto, não aceitá-la como uma parte do que o parentesco "é". Da mesma forma, alguns itens no inventário de algumas pessoas dos fatos da natureza reais, verdadeiros e objetivos podem ser itens cuja autoridade científica já foi demonstrada como falsa há tempos, mas que esses americanos ainda assim insistem que são verdadeiros. Mas isso não deve obscurecer meu ponto aqui, que é simplesmente que a definição cultural desse parentesco são os fatos biogenéticos da natureza.

dem ser perdidos, mas a relação de sangue não pode ser perdida. Ela é definida culturalmente como um fato objetivo da natureza, de importância fundamental e capaz de ter efeitos profundos, e sua natureza não pode ser terminada nem mudada. Segue-se que nunca é possível ter um ex-pai ou uma ex-mãe, uma ex-irmã ou um ex-irmão, um ex-filho ou uma ex-filha. Um ex-marido ou uma ex-esposa são possíveis, assim como uma ex-sogra. Mas uma ex-mãe não é.

É significativo que seja possível renegar um filho ou uma filha, ou que se possa tentar deserdar um filho (dentro dos limites estabelecidos pelas leis dos vários estados). A relação entre pai e filho, ou entre irmãos, pode ser do tipo em que os dois nunca se vejam, nunca mencionem o nome um do outro, nunca se comuniquem de qualquer forma, agindo como se não tivessem consciência da existência do outro. Mas para aqueles diretamente envolvidos, assim como para todos os outros que conhecem os fatos, os dois permanecem sendo pai e filho ou irmão e irmã. Nada pode realmente terminar ou mudar a relação biológica que existe entre eles, e portanto eles permanecem sendo parentes de sangue. É isso que faz deles pai e filho ou irmão e irmã na cultura americana.

Dois parentes de sangue são "aparentados" pelo fato de compartilharem, em um certo grau, a matéria de uma hereditariedade particular. Cada um deles tem uma porção da substância genética natural. Seu parentesco consiste nessa posse comum. Se eles precisarem provar seu parentesco, ou explicá-lo para alguém, eles podem nomear os parentes de sangue próximos e localizar o ascendente cujo sangue eles têm em comum. Diz-se que eles podem traçar seu sangue *através* de certos parentes, que eles têm "sangue Smith em suas veias". Mas seu parentesco entre si não depende de parentes próximos, apenas do fato de que cada um deles tem parte da hereditariedade que o outro tem, e ambos as obtiveram de uma única fonte.

Como o sangue é uma "coisa", e como ele é subdividido em cada passo reprodutivo de um ancestral dado, o grau preciso de compartilhamento hereditário entre duas pessoas pode ser calculado, e pode-se estabelecer a "distância" em termos quantitativos específicos.

A natureza inalterável da relação de sangue tem mais um aspecto significativo. Uma relação de sangue é uma relação de identidade. Pessoas que são relacionadas por sangue acreditam que compartilham uma identidade comum. Isso é expresso como "ser da mesma carne e osso". Isso é uma crença na constituição biológica comum, e aspectos como temperamento, porte físico, fisionomia e hábitos são notados como sinais dessa composição biológica compartilhada, essa identidade especial de parentes entre si. As pessoas dizem que os filhos se parecem com seus pais, ou que "puxam" algum dos pais ou avós; esses são sinais que confirmam a identidade biológica comum. Um dos pais, particularmente uma mãe, pode falar do filho como "uma parte de mim".

Resumindo, a definição de um parente como alguém relacionado por sangue ou casamento é inteiramente explícita na cultura americana. As pessoas falam disso exatamente nesses termos, e o fazem imediatamente quando questionadas. A concepção de uma criança ocorre durante um ato de relação sexual, onde metade da substância biogenética que forma a criança é contribuída pelo pai, seu genitor, e metade pela mãe, sua genetriz. A relação de sangue é portanto uma relação de substância, de material biogenético compartilhado. O grau de compartilhamento desse material pode ser medido e é chamado de *distância*. O fato de que a relação de sangue não pode ser terminada nem alterada, e de que ela é um estado de comunidade ou identidade quase místico também é bastante explícito na cultura americana.

III

"Parente por casamento" é definido com referência a "parente por sangue" no parentesco americano. O elemento fundamental que define um parente por sangue é, obviamente, o sangue, uma substância, uma coisa material. Sua constituição é o que quer que ele realmente seja na natureza. Ele é uma entidade natural. Ele permanece; ele não pode ser eliminado.

O casamento não é uma coisa material no mesmo sentido que a hereditariedade biogenética. Ele não é uma "coisa natural" no sentido de um objeto material encontrado na natureza. Como um estado de coisas ele é, obviamente, natural; ele tem concomitantes ou aspectos naturais, mas em si mesmo não é um objeto natural. Ele pode ser encerrado pela morte ou pelo divórcio.

Portanto, enquanto o sangue é material e natural, o casamento não é nem um nem outro. Enquanto o sangue permanece, o casamento pode ser encerrado. E como não há uma "coisa" como o sangue na qual o casamento consista, e como não há nenhum material desse tipo que exista livremente na natureza, as pessoas relacionadas por casamento não são relacionadas "por natureza".

Se parentes "por casamento" não são relacionados "por natureza", como eles são relacionados?

Vejamos os parentes *step-*, por afinidade ou adotivos. O fato fundamental sobre esses parentes é que eles têm o papel de parentes próximos sem serem, como dizem os informantes, "parentes reais ou de sangue". Uma madrasta é uma mãe que não é uma mãe "real", mas a pessoa que agora é a esposa do pai. Um sogro é um pai que não é o próprio pai de Ego, mas sim o pai de seu cônjuge. E um filho adotivo não é o filho próprio ou real de Ego, mas alguém de quem ele cuida como um filho.

É possível descrever um *relacionamento* de um filho adotivo com seus pais adotivos, ou um *relacionamento* (e essa é a palavra que os próprios informantes utilizam) de um enteado com seu padrasto. Esse relacionamento, em linhas gerais, é um relacionamento pai-filho no sentido de ser um padrão para como as relações interpessoais devem proceder.

A base natural e material para o relacionamento está ausente, mas parentes desse tipo têm um relacionamento no sentido de seguirem um padrão de comportamento, um código de conduta.

A tragédia clássica de uma enteada no folclore da Europa Ocidental, Cinderela, por exemplo, afirma exatamente a natureza e também o problema desse relacionamento. O relacionamento de uma mulher com sua própria filha é um relacionamento onde aquela tem um amor e lealdade permanentes por esta; seu relacionamento com uma filha de um casamento anterior de seu marido é um relacionamento onde essa filha é filha de outra pessoa, não dela. O que ela faz por sua enteada é feito por causa da reivindicação que seu marido tem por ela. Portanto, se seu marido não protege a filha dele, a madrasta pode ser cruel com ela e favorecer sua própria filha. Isso é visto como trágico porque uma criança deve ter uma mãe que seja maternal para ela, e o relacionamento pai-filho é bastante distinto da ligação de sangue subjacente a ele. A madrasta cruel do folclore deveria superar a definição literal de seu relacionamento com sua enteada, e ter o tipo de *relacionamento* – afeição, preocupação, cuidado, e assim por diante – que uma mãe tem por uma filha.

Quando uma pessoa é relacionada a um parente de sangue, ela é relacionada primeiro pela hereditariedade biogenética comum, uma *substância natural*, e, segundo, por um *relacionamento*, um padrão de comportamento ou um código de conduta. O cônjuge, por um lado, e os parentes *step-*, por afinidade ou adotivos, por outro, são relacionados apenas por um *relacionamento*; não há nenhum aspecto de substância natural no relacionamento.

A característica distintiva que define a ordem dos parentes de sangue, então, é o sangue, uma substância natural; os parentes de sangue são, portanto, "relacionados por natureza". Eu sugiro que isso é uma instância especial da *ordem natural* das coisas na cultura americana. A ordem natural é o modo que as coisas são na natureza. Ela consiste em objetos encontrados livres na natureza. Ela é "os fatos da vida" como eles realmente existem.

A única característica que distingue parentes por casamento é seu relacionamento, seu padrão de comportamento, seu código de conduta. Eu sugiro que isso é uma instância especial da outra ordem geral na cultura americana, a *ordem da lei*. A ordem da lei é imposta pelo homem e consiste em regras e regulamentos, costumes e tradições. Ela é a lei em seu sentido especial, onde um pai adotivo que não cuida apropriadamente de uma criança pode ser levado ao tribunal, e é a lei em seu sentido mais geral: lei e ordem, costume, o domínio da lei, o governo da ação pela moralidade e o autocontrole da razão humana. Ela é um relacionamento no sentido de ser um código ou padrão de como a ação deve proceder.

Todos os parentes *step-*, por afinidade e adotivos, estão sob a ordem da lei. É nesse sentido que uma sogra não é uma mãe "real" ou "verdadeira" – quer dizer, não uma genetriz – mas é uma mãe no relacionamento de mãe-filho com o cônjuge de seu filho. É nesse sentido que uma madrasta não é uma mãe "real", não a genetriz, mas é uma mãe num relacionamento de mãe-filho com o filho de seu marido. O ponto crucial da história de Cinderela é precisamente que, enquanto a "mãe real" está relacionada com sua filha tanto pela lei quanto pela natureza, a madrasta não tem a base "natural" desse relacionamento e, por não ter essa substância natural, ela não "sente" amor nenhum, exceto por sua filha "real" e, portanto, é capaz de explorar cruelmente a criança relacionada a ela apenas pela lei.

Se existe um relacionamento na lei sem um relacionamento na natureza, como no caso dos parentes *step*-, por afinidade e adotivos, pode existir um relacionamento na natureza sem um relacionamento na lei? Pode e existe. O que é chamado de "filho biológico" é um exemplo. Ele é uma criança nascida fora do casamento, quer dizer, uma criança cujo pai e mãe não são casados. Ele é um "filho biológico" porque em seu caso seu relacionamento com seus pais deve-se apenas à natureza, e não também pela lei; ele é um filho "ilegítimo". Da mesma forma, a "mãe biológica" de uma criança adotada na infância, legítima ou não, é uma parente apenas pela natureza e não pela lei, assim como seu genitor. Apesar de a criança ser adotada e ter todo direito e todo dever da criança de sangue, na crença americana ela ainda está relacionada na natureza a seu pai e mãe "verdadeiros", seu genitor e genetriz, ainda que não pela lei.

IV

Resumindo, o universo cultural dos parentes no parentesco americano é construído a partir de elementos de duas grandes ordens culturais: a *ordem da natureza* e a *ordem da lei*. Os parentes *por natureza* compartilham hereditariedade. Os parentes *por lei* são ligados apenas pela lei ou por costumes, pelo código de conduta, pelo padrão de comportamento. Eles são parentes em virtude de seu *relacionamento*, não por seus atributos biogenéticos.

Três classes de parentes são construídas a partir desses dois elementos. Primeiro, há a classe especial de parentes apenas por natureza. Essa classe contém o filho biológico ou ilegítimo, o genitor ou genetriz que não é o pai ou mãe adotivo, e assim por diante. A segunda classe consiste em parentes apenas por lei. Essa classe pode ser chamada de "por casamento", ou pode ser chamada de "por afinidade". Ela contém o marido e a esposa, os parentes *step*-, por afinidade, adotivos, e outros desses tipos. A terceira classe consiste em parentes por natureza *e* por lei. Essa classe de parentes é chamada de "parentes de sangue" e contém os conjuntos "pai... filha", "tio... neta", "primo", e assim por diante.

A segunda e a terceira classes de parentes podem ser divididas em subclasses. A segunda classe, parentes apenas por lei, consiste na subclasse de marido e esposa, e o resto, uma subclasse que contém os parentes *step*-, por afinidade e adotivos, e aqueles para os quais não existem lexemas especiais. Marido e esposa recebem termos de parentesco básicos; os outros recebem termos derivados. Marido e esposa são os únicos parentes por lei no mesmo nível dos parentes de sangue mais próximos (o conjunto "pai... filha"). Pai e mãe também são apropriadamente marido e esposa. Finalmente, marido e esposa são os únicos parentes verdadeiramente "por casamento" num sentido de casamento, a saber, o relacionamento sexual entre um homem e uma mulher.

A terceira classe também consiste em duas subclasses. A primeira consiste no conjunto de parentes "pai... filha", a segunda nos parentes que recebem os termos "tio... neta" e "primo/prima". As funções modificadoras simbolizam a diferença entre essas subclasses: a primeira subclasse é marcada pelos modificadores restritivos, a segunda pelos não restritivos. Ou seja, a subclasse "pai... filha" é claramente restrita e distinguida de outros tipos ou graus de "pai", "mãe" etc., enquanto os conjuntos "tio... neta" e "primo/prima" são expansíveis infinitamente, mas cada expansão adiciona um grau de distância. A Tabela I representa este resumo.

Tabela I

Parentes	Natureza	Lei
(1) Por natureza (A) Filho biológico, filho ilegítimo, mãe biológica, pai biológico etc.	+	-
(2) Por lei (A) Marido, esposa. (B) *Step-*, por afinidade, adotivo etc.[10]	-	+
(3) Por sangue (A) Pai, mãe, irmão, irmã, filho, filha. (B) Tio, tia, sobrinho, sobrinha, avô, avó, neto, neta, primo, prima, primo de primeiro grau etc., bisavô etc., bisneto etc.	+	+

Escrevi esse resumo em termos das diferentes classes ou categorias de parentes no parentesco americano. Mas essas categorias são construídas a partir de dois elementos, o *relacionamento como substância natural* e o *relacionamento como código de conduta*. Ambos esses elementos derivam – ou são uma instância especial – das duas ordens principais que a cultura americana coloca como constituintes do mundo: a *ordem da natureza* e a *ordem da lei*.

---

10. Esta categoria inclui parentes para os quais não existem termos de parentesco no sentido costumeiro, mas que ainda assim podem ser apropriadamente contados ou considerados como parentes por casamento ou por afinidade. Essa categoria de parentes, portanto, contém parentes sem termos de parentesco. Como ficará claro no cap. 5 abaixo, o cônjuge do primo, o cônjuge do sobrinho ou sobrinha do cônjuge de Ego, e outros tipos podem aparecer nessa categoria do parentesco americano. Isso se deve às aplicações diferentes de normas alternativas *dentro* do esquema estabelecido por essas categorias, e pode (ou não) também implicar o uso de termos de parentesco alternativos. Esses argumentos serão desenvolvidos no cap. 5.

3
A família

I

"Família" pode significar todos os parentes de uma pessoa, mas "minha família" ou "a família" significa uma unidade que contém um marido e uma esposa, e seu filho/filha ou filhos, todos os quais são tipos de parentes. "A família imediata" é um outro modo de restringir o alcance de "família" de todos os parentes para certos parentes muito próximos.

A família e os parentes são, portanto, categorias coordenadas no parentesco americano porque compartilham um de seus significados, ainda que alguns de seus outros significados sejam divergentes. Todo membro da família é ao mesmo tempo um parente, e todo parente é, neste sentido, um membro da família. Portanto, a definição cultural de um parente se aplica aos membros da família por serem parentes.

Mas a palavra "família" é singular, e não plural. Em sua forma singular, ela inclui pelo menos três tipos diferentes de membros da família. A palavra "parente", na forma singular, pode significar apenas uma pessoa ou um tipo de parente. O termo "família", portanto, reúne certos tipos diferentes de parentes numa única unidade cultural; esse significado é bastante diferente da pluralidade simples de parentes sem levar em consideração o seu tipo ou o seu relacionamento uns com os outros.

Esse último ponto é fundamental. Não apenas temos três tipos diferentes de parentes reunidos em uma única unidade cultural, mas esses três estão num relacionamento muito especial uns com os outros, pois eles são marido, esposa e filho/filha, ou pai, mãe e filho/filha uns dos outros.

Como os membros da família são tipos de parentes, pode-se perguntar se as características distintivas que definem e diferenciam os parentes não são as mesmas que definem e diferenciam os membros da família por um lado, e a família como uma unidade cultural por outro.

E esse realmente acaba sendo o caso. A relação sexual (o ato de procriação) é o símbolo que fornece as características distintivas em termos das quais tanto os membros da família como parentes quanto a família como uma unidade cultural são definidos e diferenciados.

Preciso interromper este relato para explicitar alguns pontos e alertar o leitor de certos problemas que ele poderá encontrar ao ler esta exposição.

Primeiro, eu introduzo neste momento a hipótese que a relação sexual é o símbolo em cujos termos os membros da família como parentes e a família como uma unidade cultural são definidos e diferenciados no parentesco americano.

Já indiquei[1] que, com "símbolo", quero dizer algo que representa alguma outra coisa com a qual ele não está intrínseca ou necessariamente relacionado. A relação entre símbolo e objeto simbolizado é, ao contrário, arbitrária.

Se, então, há uma relação *intrínseca* ou *necessária* entre a relação sexual, ou qualquer aspecto dela, e algum aspecto cultural do parentesco americano, então a relação sexual não pode ser considerada simbólica desse aspecto particular do sistema de parentesco.

Esse é um problema importante para este livro, mas é melhor tratá-lo depois que todo o material tiver sido apresentado, e não antes. Portanto, eu o discutirei no capítulo final, mas preciso pedir ao leitor que suspenda seu juízo aqui com a promessa de que a hora do juízo chegará.

Também é importante notar que isso é apresentado como uma hipótese sobre o parentesco americano. Se ela é um fato ou não poderá ser estabelecido por pesquisas posteriores.

O segundo ponto que peço ao leitor para manter em mente é que, ao apresentar e desenvolver essa hipótese, eu tomei cuidado para que cada um de meus enunciados fosse etnograficamente verdadeiro.

O terceiro ponto é que eu descrevo a cultura do parentesco americano exatamente como já descrevi a cultura do parentesco de Yap[2] e que esse é exatamente o modo que eu utilizaria para descrever o sistema de parentesco de qualquer sociedade em qualquer lugar. O leitor americano pode considerar isso particularmente desconcertante, pois, às vezes, eu trato o que ele pode considerar um fato autoevidente da vida como um princípio de sua cultura.

Vejamos uma sociedade puramente fictícia, Bongo Bongo. Se eu escrevesse sobre eles: "Os bongo bongo acreditam que um ato de relação sexual é impelido por forças interiores cuja natureza não pode ser controlada nem compreendida, forças que compelem à obediência e não podem ser enfrentadas", o leitor americano, fortalecido por seu belo senso de tolerância dos modos e crenças de outros

---

1. Cf. Introdução.

2. Cf., p. ex., SCHNEIDER, D.M. "Double Descent on Yap". *Journal of the Polynesian Society*, 71 (1962).

povos, poderia considerar isso um fato interessante e especular sobre suas implicações para o resto do sistema de parentesco de Bongo Bongo.

Mas quando eu escrevo (como fiz abaixo): "A relação sexual é um ato que é realizado, e que não simplesmente acontece", mesmo o leitor americano mais razoável pode se perguntar se eu estou fazendo uma piada ou falando sério, ou tentando transformar um fato da vida simples e autoevidente em algum grave princípio antropológico.

Se esse é ou não um fato da vida em algum nível – se os seres humanos podem controlar seus impulsos sexuais como os americanos dizem que podem, mas os bongo bongo dizem que não – não é uma pergunta relevante para este livro neste ponto da descrição. A pergunta de relevância central é se essa *crença* ou essa *premissa cultural* sobre a natureza da vida é um fato que pode ser observado para os americanos. Ou seja, a pergunta que o leitor deve fazer é se isso é ou não um fato etnográfico sobre a cultura americana.

O que faço neste livro e neste capítulo é enunciar o que descobri serem fatos etnográficos. Relato esses fatos da forma mais precisa possível e os enuncio nos momentos em que eles são relevantes para uma compreensão do parentesco americano. Se o leitor se lembrar que todos os enunciados que lerá nas páginas seguintes são oferecidos como fatos etnográficos, ou hipóteses sobre eles, então não deverá haver mal-entendidos.

Finalmente, o conceito de "características distintivas" é um dos conceitos fundamentais deste livro. Eu o utilizei tanto no título desta parte do livro ("As características distintivas que definem a pessoa como um parente") quanto como um dispositivo analítico predominante neste capítulo. Retirei esse conceito diretamente da linguística, e, apesar de tentar utilizá-lo aqui de modo tão preciso quanto é utilizado lá, isso nem sempre foi fácil. Jakobson e Halle dizem: "Cada característica distintiva envolve uma escolha entre dois termos de uma oposição que exibe uma propriedade diferencial específica, divergindo das propriedades de todas as outras oposições"[3]. Mas o leitor pode preferir seguir minha discussão em vez de tentar compreender essa definição altamente condensada. Ou ele deve ler Jakobson e Halle para uma discussão completa e clara num contexto linguístico.

Retomarei agora o relato etnográfico da unidade cultural "a família" no parentesco americano. Primeiro, mostrarei que a família é definida pela cultura americana como uma unidade "natural" que é "baseada nos fatos da natureza". Então ordenarei certos fatos etnográficos que levam à hipótese que acabei de enunciar, a saber, que o fato da natureza que serve como o símbolo em termos do qual os membros da família são definidos e diferenciados e em termos do qual o modo de conduta apropriado de cada membro da família é definido é o da relação sexual.

---

3. JAKOBSON, R. & HALLE, M. *Fundamentals of Language*. Den Haag: Mouton, 1965, p. 4.

II

"A família" é uma unidade cultural que contém um marido e uma esposa que são a mãe e o pai de seu filho/filha ou filhos.

Pode-se dizer "Eu não tenho família" com o significado de que talvez a pessoa não seja casada, e não tem cônjuge nem filhos, ou que seus pais não estão mais vivos. Ou pode-se apontar para certas pessoas e dizer sobre elas: "Esta é minha família", ou "Eu gostaria que você conhecesse minha família". Também se pode dizer "Eu não tenho família" com o significado de que a pessoa está separada de seu cônjuge e, portanto, não vive com um cônjuge e filhos.

Um casal sem filhos não chega a compor uma família. O mesmo ocorre com uma mulher casada e seus filhos sem um marido ou com um homem casado e seus filhos sem uma esposa. Sobre o casal sem filhos, pode-se dizer "Eles não têm família" ou "A família deles ainda não chegou", se eles forem muito jovens. "Família" significa aqui que a adição de crianças ao casal completará a unidade e criará esse estado. E, é claro, pode-se dizer sobre um casal mais velho: "A família deles já cresceu e casou; todos têm suas próprias famílias agora".

Esse último exemplo esclarece outra condição que faz parte da definição da família no parentesco americano. A família, para ser uma família, precisa viver junto. Então, para pais cujos filhos já cresceram e casaram, o dito é que esses filhos "têm suas próprias famílias", implicando que a família de uma pessoa é onde ela mora, e que não é possível ser membro de duas famílias (nesse sentido) ao mesmo tempo. Uma família onde as crianças cresceram e todas têm suas próprias famílias é uma família que se desfez e se dispersou; seus membros seguiram seus caminhos independentes, que, obviamente, é o que devem fazer. Mas isso ainda é uma família no primeiro sentido do termo que significa pais e filhos, sem importar o quanto eles cresceram ou onde eles possam estar morando. É o segundo sentido que me interessa agora, que é aquele onde a família é uma unidade que vive junto; se isso não ocorre, ela não é uma família nesse significado particular do termo.

Eu disse que uma mulher e seus filhos, ou um homem e seus filhos, não chegam a constituir uma família. A família está incompleta, pois falta um membro. Isso pode ocorrer porque o membro que falta está morto, separado ou divorciado. Os membros remanescentes não constituem uma família completa. Mas é bom notar que não importa se falta um cônjuge devido à morte, separação ou divórcio, ou se faltam os filhos porque cresceram e "têm suas próprias famílias". Em ambos os casos, a família está "desfeita" porque eles não vivem juntos.

Se um homem deixa sua esposa, às vezes se diz: "Ele a largou e a deixou sozinha com as crianças". Ou uma mulher pode desertar seu marido, "deixando-o sozinho com as crianças". Se os filhos crescem e casam, também se diz que "eles agora estão sozinhos depois que as crianças cresceram e foram embora". Em todos os casos, estar "sozinho" significa que a unidade completa não está vivendo junto, e é a noção de viver junto que é decisiva para este significado da família.

Quando um casal tem um filho e então se divorcia, e ambos os membros se casam novamente e estabelecem novas famílias, a guarda da criança pode ser dividida entre eles. Talvez o filho passe metade do tempo com o pai e a outra metade com a mãe. Numa situação dessas, a criança pode ter duas famílias, uma composta de sua mãe e padrasto, a outra de seu pai e madrasta. Ele vive junto com elas se morar com cada uma por parte do tempo, ou mesmo se na realidade ele passar a maior parte do tempo na escola. As pessoas podem dizer que a criança na verdade não tem nenhuma família, pois se considera que um arranjo de duas metades é muito menos do que um arranjo completo. Não importa se ela vive com sua mãe e padrasto metade do tempo, ou se mora num colégio interno pela maior parte do tempo, a questão que realmente importa é a guarda e a responsabilidade. Mas, talvez, num sentido técnico, o filho de pais divorciados tenha duas famílias e não apenas uma, se cada pai estabeleceu uma nova família que vive junto, e a guarda é compartilhada.

O estado do bem-estar de uma família também é descrito em termos de viverem juntos. Se o marido e a esposa estão passando por dificuldades conjugais, a questão crítica pode ser se eles ainda estão morando juntos ou não. Se estiverem, a perspectiva pode ser considerada menos grave do que se não estivessem mais morando juntos. Viver juntos também pode ser usado como um eufemismo para a relação sexual, pois implica uma intimidade entre um homem e uma mulher que torna impossível qualquer outra interpretação.

Os informantes descrevem a família como consistindo em marido, esposa e seus filhos que vivem juntos como uma unidade natural. A família é formada de acordo com as leis da natureza e vive seguindo regras que são consideradas pelos americanos como evidentemente naturais.

Por isso, os americanos não chegam a se surpreender quando ouvem que esse mesmo tipo de arranjo é encontrado entre alguns animais e pássaros e até mesmo peixes. Parece bastante natural que um par viva junto, procrie, tenha um lugar para morar com seus descendentes, proteja esse lugar e seus descendentes, e compartilhe as tarefas de cuidar do lugar e criar os descendentes.

Na visão americana, é simplesmente natural que as várias tarefas de proteger o lar, obter as necessidades da vida, cuidar dos jovense instruí-los, e assim por diante, sejam divididas de acordo com os talentos, aptidões e dotes naturais daqueles envolvidos. Algumas dessas tarefas cabem naturalmente aos homens, algumas às mulheres, e alguns modos são naturais para as crianças por causa de sua idade.

As mulheres geram os filhos, zelam por eles e cuidam deles. Isso, de acordo com a definição da cultura americana, faz parte da natureza da mulher. Elas podem fazer essas coisas por causa de seus dotes naturais, mas também há muito que elas precisam aprender. Elas podem aprender essas coisas com suas mães, com médicos, livros ou de outros modos, mas essas fontes explicam as coisas que devem ser feitas e como melhor fazê-las naturalmente.

Os homens não geram filhos, nem podem nutri-los com seus próprios corpos. A premissa cultural é que eles não são naturalmente dotados de modos de sentir as necessidades dos bebês. Mas há muitas coisas que um homem pode fazer se ele se der ao trabalho de aprender. Nos Estados Unidos, às vezes se diz que aquilo que uma mulher pode fazer naturalmente, um homem pode aprender – ainda que lentamente e nem sempre com a habilidade gentil que uma mulher teria.

A premissa cultural americana é que o recém-nascido é totalmente indefeso e que precisa de muito cuidado e proteção para sobreviver. Com a exceção de alguns instintos e reflexos que o fazem respirar, sugar, chorar, aprender, e assim por diante, é preciso fazer coisas para a criança e na criança. Os adultos, os pais da criança, são velhos o bastante e sabem o suficiente sobre o que fazer. Essa é a base da autoridade dos pais sobre o filho, e do fato de que a relação entre filho e pai não é igual. É uma relação onde o adulto tem autoridade baseada em conhecimento e experiência – numa palavra, idade – e onde a autoridade do adulto é apoiada, se necessário, pela força, que também se baseia em diferenças físicas evidentes entre pai e filho.

Então, num de seus sentidos fundamentais, a natureza sozinha constitui a família, e os papéis naturais de marido, esposa, pai, mãe e filho/filha definem os membros da família. Esse é o sentido no qual os americanos enxergam uma família quando animais procriam e criam seus filhotes num lugar que eles ocupam e protegem – seu ninho, sua caverna, seu lar. É nesse sentido que as características distintivas ou os elementos definidores da família colocam o par procriador que cria seus filhos num lugar próprio.

Mas, depois desse ponto, há uma mudança notável nos enunciados dos informantes. Num nível de contraste são enfatizados a família como uma unidade natural e os papéis naturais dos membros da família. No nível imediatamente seguinte, há algo mais nos papéis de marido, esposa, pai, mãe e filho/filha do que meramente as partes exigidas por seus dotes naturais e as diferenças naturais entre eles. Esse "algo mais" é definido como *adições* aos dotes naturais, *acréscimos* às diferenças naturais, como *implementação* das tendências inatas.

Os informantes muitas vezes colocam isso como sendo "baseado em". Por exemplo, os informantes dizem que a autoridade do pai está "baseada no" fato de que ele é um homem, que ele é mais velho, que tem mais experiência, que devido a seu tamanho e sexo ele tem o direito de estabelecer o curso de ação apropriado para os membros de sua família e esperar que ele seja seguido.

"Baseado em" significa que algo é adicionado aos fatos naturais da idade e do sexo. "Mais velho" significa que, à idade cronológica, é adicionado o grau de sabedoria que a experiência supostamente traz. "Ser um homem" significa que, em adição à questão específica de ter certos órgãos genitais, há a posse de qualidades que supostamente faltam às mulheres. Falar do "homem da casa" ou do "homem da família" ou "daquele que veste as calças" é falar de alguém que é naturalmente mais capaz de assumir a autoridade e responsabilidade pela família, não apenas de alguém com genitais masculinos e um número estipulado de anos sobre a Terra.

Esse incremento, aquilo que "se baseia nos" elementos naturais, seria o resultado da adição da razão humana ao estado natural das coisas.

A razão humana faz duas coisas. Primeiro, apesar de ela ter uma base natural, ela cria algo adicional, algo a mais do que a natureza produz sozinha.

Segundo, a razão humana seleciona apenas parte da natureza para a basear. Isso ocorre porque a própria natureza é composta de duas partes distintas. Uma é boa, a outra má; uma é humana, a outra, animal. A razão humana seleciona a parte boa da natureza como base; ela pode estabelecer objetivos e selecionar caminhos, julgar o certo e o errado e diferenciar o bom do ruim.

A família, no parentesco americano, é definida como uma unidade natural baseada nos fatos da natureza. Na cultura americana, isso significa que apenas alguns dos fatos da natureza são selecionados, que eles são alterados, e que se constrói sobre eles, ou se adiciona algo a eles. Essa seleção, alteração e adição ocorrem através da aplicação da razão humana ao estado de natureza.

O construto natural da família no parentesco americano é, portanto, derivado das duas ordens do mundo: a ordem da natureza, por um lado, e a ordem da lei, o domínio da razão, o humano em distinção ao animal, por outro.

O que é humano é, obviamente, uma parte da natureza, mas é uma parte muito especial. O papel que é tão natural a ponto de não ter nada relacionado à razão, nada relacionado a valores humanos, nada da cultura, só é natural no sentido de estar muito próximo ao animal. Por isso, um homem (ou uma mulher) que esteja interessado apenas em copular não pode ser considerado um bom marido ou esposa. Mas, no mesmo registro, diz-se que o papel que é tão distante da natureza, de presença tão alta da razão, e tão culto a ponto de não ter nenhum elemento natural seria não natural. E, por esta medida, um homem (ou uma mulher) completamente desinteressado em copular não pode ser considerado um bom marido ou esposa.

A família, enquanto um construto da cultura americana, resolve assim a oposição radical entre natureza e razão humana, juntando-os num arranjo humano que pode funcionar bem.

III

Como já sugeri, o fato da natureza no qual o construto cultural da família se baseia é a relação sexual. Essa figura fornece todos os símbolos centrais do parentesco americano.

Será conveniente para esta discussão começar com a definição de um parente, pois cada membro da família é um parente e já apresentei grande parte desse material etnográfico.

Um parente é uma pessoa relacionada por sangue ou por casamento. Os parentes por sangue são ligados por substância *material*; marido e esposa são ligados por *lei*. Parentes por sangue são relacionados de modo inteiramente *objetivo*; marido e esposa são ligados *subjetivamente*. O sangue é um laço *permanente*; o casamento pode ser *terminado*. Todos os enunciados que abrem as oposições derivam da ordem da natureza, aqueles que as fecham derivam da ordem da lei.

Uma relação de sangue é involuntária de dois modos distintamente diferentes. O primeiro é que uma relação de sangue não é uma questão de vontade humana. Ela faz parte da ordem natural e, portanto, segue as leis da natureza e não as leis do homem. O casamento, por outro lado, é definido e criado pelas leis do homem, que são invenções humanas e, portanto, nesse sentido especial, é uma questão de vontade.

Num segundo sentido, as relações de sangue são involuntárias porque uma pessoa não pode escolher quem serão seus parentes de sangue. Ela nasce com eles, e eles se tornam seus por nascimento. Como eles são permanentes, não há nada que ela possa fazer a respeito. Mas o casamento é não apenas uma instituição inventada pelo homem; ele é um passo ativo que uma pessoa em particular deve dar. Ele é um passo que é *dado* e não simplesmente acontece.

O sangue é uma questão de nascimento; o nascimento, uma questão de procriação; e a procriação, uma questão de relação sexual. A relação sexual é um ato que é realizado e não simplesmente acontece. Mas, enquanto um ato, ela é natural. Seu resultado é a concepção, que é seguida pelo nascimento, e esses também são naturais.

A relação sexual como um ato de procriação cria a relação de sangue entre pais e filho e torna o marido e a esposa genitor e genetriz. Mas ela é um ato exclusivo e distintivo do relacionamento marido-esposa: a relação sexual só é legítima e apropriada entre marido e esposa, e cada um tem o direito exclusivo sobre a atividade sexual do outro[4]. Esses são os preceitos da cultura americana.

A relação sexual é um ato no qual e pelo qual expressa-se o amor; ela é muitas vezes chamada de "fazer amor", e o amor é um símbolo cultural explícito no parentesco americano.

---

4. A relação sexual entre pessoas que não são casadas é chamada de fornicação e não é apropriada; entre pessoas que são casadas, mas não entre si, é chamada de adultério e é errada; entre parentes de sangue, é chamada de incesto e é proibida; entre pessoas do mesmo sexo, é chamada de homossexualidade e é errada; com animais, é chamada de sodomia e é proibida; solitária, é chamada de masturbação e é errada; e com partes do corpo que não sejam a própria genitália, é errada. Todos esses casos são definidos como "atos sexuais não naturais" e são errados moralmente, e, em alguns casos, legalmente, na cultura americana.

Isso foi expresso por uma de nossas informantes – uma senhora idosa – como se segue: pedimos para ela listar todos os seus parentes, e, depois de ela os listar por um certo tempo, desacelerou e parou. Perguntou-se então a ela: "Eu percebi que a senhora não mencionou o seu marido. A senhora o considera um parente?" A isso, ela deu a seguinte resposta ponderada: "Meu marido? Um amante, sim! Um parente, não!"

Existem dois tipos de amor no parentesco americano que, apesar de não serem nomeados explicitamente, são definidos e distinguidos claramente. Um eu chamarei de amor *conjugal*. Ele é erótico, e tem o ato sexual como sua encarnação concreta. Esse é o relacionamento entre marido e esposa. Chamarei o outro tipo de amor de *cognático*. A relação de sangue, a identidade da substância e hereditariedade naturais que vale entre pais e filho/filha é sua expressão simbólica.

O amor cognático não tem nada de erótico. Na verdade, acredita-se que bebês e crianças não têm sentimentos sexuais ou eróticos, e que esses sentimentos só amadurecem tarde nos seres humanos, durante o período da adolescência. Portanto, o relacionamento de um bebê com o seio de sua mãe é completamente não erótico. Qualquer gratificação que uma mãe possa sentir amamentando seu filho é definida como de caráter puramente cognático. Por isso, um bebê ou uma criança pode ser abraçado e beijado e acariciado de modos que poderiam ser eróticos se o objeto fosse algo que não um bebê. Uma criança é inocente de conhecimento carnal não só porque ela seria fisicamente incapaz de sentir amor erótico, mas também porque ela não sabe o significado do amor erótico. A frequência com a qual uma criança pode ser designada apropriadamente como "*it*", sem referência a seu sexo, é uma faceta disso[5]. Como a essência do amor erótico é o contato genital, e como acredita-se que a criança é jovem demais para ter ou sentir impulsos ou sensações eróticas, seus genitais são definidos como órgãos excretores.

O beijo é uma expressão de amor. O beijo direto nos lábios é erótico, e pode ser um eufemismo para a relação sexual em certos contextos. Mas o beijo na testa ou na bochecha é uma afirmação cognática. Enquanto amantes, ou marido e esposa, podem se beijar nos lábios, pais e filhos se beijam na testa ou na bochecha. É raro que o beijo cerimonial de um parente visitante numa criança seja confundido com um ato erótico. Ele afirma o amor cognático, e se uma criança rejeita tal beijo, essa não é uma questão trivial.

O amor conjugal entre marido e esposa é o oposto do amor cognático de pai, filho e irmão. Um é a união de opostos, o outro é a unidade que as identidades têm, o compartilhamento de substância biogenética. A identidade da mãe com seu filho é reiterada ainda mais pelo fato de que a criança nasce do corpo da mãe, é

---

5. Em português não existe um pronome de gênero neutro como "*it*", apenas "ele" e "ela" ("*he*" e "*she*", em inglês) [N.T.].

abrigada e alimentada lá antes de nascer, além de ser alimentada por ele depois de nascer. Isso reafirma continuamente que os dois são de uma substância comum.

É o símbolo do amor que liga o amor conjugal e o cognático, e relaciona ambos ao símbolo da relação sexual. O amor, no sentido da relação sexual, é um ato natural com consequências naturais de acordo com sua definição cultural. E o amor no sentido de relação sexual representa, ao mesmo tempo, a unidade.

Como um símbolo de unidade, de unicidade, o amor é a união da carne, de opostos, macho e fêmea, homem e mulher. A unidade de opostos é afirmada não apenas na união carnal, mas também no resultado dessa união, a unidade do sangue, o filho. Pois o filho junta e unifica na mesma pessoa as substâncias biogenéticas diferentes de ambos os pais. O filho afirma, então, a unicidade ou unidade de sangue com cada um de seus pais; essa é uma afirmação substantiva da unidade da criança com cada um de seus pais e com seus irmãos vindos desses pais. Ao mesmo tempo, essa unidade ou identidade de carne e sangue, essa unicidade de material, representa a unidade do amor cognático.

Tanto o amor quanto a relação sexual tratam de dois elementos distintos. Um é a unificação de opostos. O outro é a separação de unidades.

Macho e fêmea, os opostos, são unidos na relação sexual como marido e esposa. Suas substâncias biogenéticas diferentes são unidas no filho concebido dessa união, e seu relacionamento um com a outra é reafirmado não apenas como marido e esposa um da outra, mas como pais de seu filho, pai e mãe do mesmo descendente.

Mas o que era um deve se tornar dois. O filho nasce de seus pais e é separado fisicamente deles através do parto. É isso que diferencia pai de criança, pai e mãe de filho e filha. A separação que começa com o ato do nascimento continua até a criança crescer e deixar sua família para se casar e fundar sua própria família.

O incesto, que é o pior dos males, consiste em unificar o que já é único através do dispositivo de união dos opostos, e em não separar o que era um em dois, invertendo diretamente então de uma só vez ambos os lados da fórmula – que apenas coisas diferentes podem ser unificadas pela relação sexual, e apenas coisas unidas podem ser diferenciadas.

O símbolo do amor é a ponte entre esses dois elementos diferentes. É o amor que une os opostos de macho e fêmea, e é o amor que preserva a unidade dos pais e filhos diferenciados e que continuam a se diferenciar, assim como o filho e seus irmãos. Um é o amor conjugal, marcado por um componente erótico; o outro é o amor cognático, sem nenhum aspecto erótico; mas ambos são amor, que é unificador. E o parentesco americano realmente é sobre o amor.

Perguntou-se a uma de nossas informantes, uma menina de 12 anos: "Qual é a sua definição de um parente?" Ela respondeu: "Alguém que você geralmente ama, que é bom para você, e que está ligado a você de algum modo por sangue, como uma filha ou algo assim". Realmente não há nada mais que possa ser adicionado a seu enunciado. Ele resume a questão perfeitamente.

Todos os símbolos significativos do parentesco americano estão contidos na figura da relação sexual que, obviamente, é ela própria um símbolo. A figura é formulada na cultura americana como uma entidade biológica e um ato natural. Ainda assim, o tempo todo, cada elemento que é definido culturalmente como natural é ao mesmo tempo aumentado e elaborado, acrescido e nutrido pela regra da razão humana, incorporada na lei e na moralidade.

IV

E aqueles outros fatos da natureza que parecem ter um lugar muito importante na definição da família e na diferenciação de seus membros, fatos como as diferenças entre os sexos? Será que isso não é um fato da natureza no qual a família se baseia?

A resposta para essa pergunta muito geral é tanto *sim* quanto *não*. Na cultura americana, distinguem-se dois domínios diferentes do sexo. Um é o dos atributos sexuais, e o outro é o da relação sexual. A relação sexual é o símbolo que fornece as características distintivas ou os elementos em cujos termos a família é definida. Os atributos sexuais, por outro lado, constituem fatos da natureza de grande importância para a família, mas num nível cultural completamente diferente do nível das características distintivas.

Na cultura americana, a definição do que faz da pessoa macho ou fêmea é o tipo de órgãos sexuais que ela tem. Ainda que uma criança não seja um homem ou uma mulher até estar sexualmente madura, sua identidade como um macho ou uma fêmea é estabelecida por seus genitais ao nascer.

Além disso, há certas características que são indicativas da identidade sexual. Homens têm pelos faciais e supostamente têm pelos no peito, mas as mulheres não. Afirma-se que diferenças temperamentais estão correlacionadas com as diferenças nos órgãos sexuais. Dizem que homens têm uma qualidade ativa, e as mulheres, passiva. Os homens têm força e resistência física maiores do que as mulheres. Os homens teriam aptidões mecânicas que faltam às mulheres. As mulheres têm características de acalento que faltam aos homens. Os homens tendem a uma disposição agressiva que estaria ausente nas mulheres.

Os informantes dizem que as qualidades diferentes da masculinidade e da feminilidade fazem com que homens e mulheres se encaixem em tipos diferentes de atividades e ocupações. As qualidades ativas e agressivas dos homens, sua força e resistência, serviriam para torná-los caçadores e soldados particularmente bons, e os predispõem para posições de autoridade, especialmente em relação a mulheres e crianças. As mulheres devem ser acalentadoras e passivas de modo que as tornam particularmente boas para ensinarem em escolas, para a enfermagem, preparação de comida e cuidado do lar. As aptidões mecânicas dos homens serviriam para torná-los bons para trabalharem com máquinas – projetando-as, construindo-as e consertando-as – de modo que as mulheres não podem igualar.

Na cultura americana, o papel sexual ocorre num contexto que seleciona, modifica ou enfatiza ainda mais alguns de seus aspectos especiais. Homens são policiais, mecânicos, escriturários ou soldados. Mulheres podem ser enfermeiras, professoras escolares, cozinheiras ou camareiras. Os atributos do papel sexual têm valores diferentes em cada um desses casos. O policial não é apenas um homem, mas é um homem que se baseia em sua força e resistência num contexto de manutenção da lei e da ordem para evitar crimes. As mesmas qualidades da masculinidade num soldado nada têm a ver com a lei e a ordem, sendo definidas pela natureza da guerra. E o mecânico, utilizando as qualidades de sua masculinidade para cuidar de máquinas, encontra seu papel sexual descrito num contexto de maquinaria e aptidões mecânicas que pode ou não ter algo a ver com a lei e a ordem ou a guerra, mas que foca, em vez disso, na operação eficaz da maquinaria.

O mesmo vale para a família. Esposa, mãe, filha e irmã são mulheres; marido, pai, filho e irmão são homens. Muitas vezes se diz que esposas e mães são os membros da família apropriados para cozinhar, cuidar da casa e das crianças, e maridos e pais são os membros da família apropriados para sair para trabalhar, ganhar a vida, estar no comando da família e ter autoridade.

Mas, neste ponto, surge um dado muito fundamental e importante se tais enunciados são discutidos com bons informantes. Eles dizem – às vezes com estas palavras, às vezes no decorrer da discussão, mas sem utilizar exatamente estas palavras – que se as esposas e mães são os membros da família apropriados para cozinhar e cuidar da casa, isso *não* é porque elas são esposas e mães, mas porque são *mulheres*. E se maridos e pais são os membros da família que devem sair e ganhar a vida, que devem ter o controle da família, isso é porque eles são *homens*, e *não* porque são maridos e pais.

Os informantes às vezes usam frases como "o homem da casa" ao falar do marido-pai como a pessoa que tem autoridade; ou "a senhora da casa" quando falam da esposa-mãe como a pessoa que cuida das refeições e do conforto do lar. Frases como "o trabalho da mulher nunca termina" são usadas para descrever o trabalho que uma esposa e mãe realizam. Não porque o trabalho seja trabalho de esposa ou trabalho de mãe, mas porque é trabalho de mulher. Às vezes, os americanos falam de consertar o forno ou controlar as finanças da família como "um trabalho de homem", não porque consertar o forno ou as finanças sejam atividades distintivamente paternais ou maritais, mas porque pais e maridos são homens.

Isso significa que há duas unidades culturais distintas que se confundem facilmente, mas devem ser mantidas separadas. A ação de uma pessoa como um homem é definida de modos diferentes da definição de sua ação como um pai ou marido. A mesma pessoa pode ser uma mulher e uma esposa ao mesmo tempo; "trabalho" em "o trabalho da mulher nunca termina" é parte de sua definição como uma mulher, não como uma esposa.

Mas resta o fato de que, por definição cultural, "pai" é um homem e não pode ser mulher, "mãe" é uma mulher e não pode ser homem, "marido" é homem e "esposa" é mulher. Como, então, devemos compreender esse fato?

O que *define* as unidades culturais de marido e esposa ou pai e mãe? Demonstravelmente, não é seu sexo. Pois tanto os informantes quanto a observação direta confirmam que ser um homem é condição necessária, mas não suficiente, para ser um marido e pai. Apesar de todos os maridos e pais serem homens, nem todos os homens são maridos ou pais.

Do mesmo modo, o elemento definidor ou a característica distintiva das categorias culturais de esposa e mãe não é ser mulher. Há muitos tipos de mulheres que não são nem esposas nem mães, mas nenhuma esposa ou mãe não é mulher.

A distinção que estabeleço aqui entre um elemento definidor ou característica distintiva e todas as outras características é muito bem-ilustrada pela área da definição de papel sexual que venho descrevendo. Como eu disse, há duas categorias definidas culturalmente, macho e fêmea. Machos têm um tipo de genitália, fêmeas têm outro. Machos têm pelos faciais, fêmeas não. Machos são ativos e agressivos, fêmeas, passivas.

Tratemos agora dessas três características – genitais, pelos faciais e atividade. Qual delas é a característica distintiva? Do fato de a mulher barbada do circo ser contada como uma dama, segue-se que pelos faciais não são a característica distintiva. Do fato de uma mulher agressiva poder ser criticada por ser "masculina demais", mas ainda ser uma *mulher* agressiva, segue-se que a atividade não é a característica distintiva do papel sexual. Mas se uma pessoa veste roupas de mulher, não tem pelos faciais, é passiva, mas tem genitais masculinos, essa pessoa é classificada como homem. Os genitais, portanto, são a característica distintiva em termos da qual o papel sexual é definido.

As características distintivas que definem os membros da família e os diferenciam uns dos outros e que, ao mesmo tempo, definem a família como uma unidade e a distinguem de todas as outras unidades culturais são aquelas que estão contidas no símbolo relação sexual. O pai é o genitor, a mãe é a genetriz do filho que é seu descendente. Marido e esposa estão num relacionamento sexual e o seu relacionamento é o único relacionamento sexual legítimo e apropriado. Marido e esposa são amantes, e o filho é o produto de seu amor e também o objeto de seu amor; é nesse sentido que existem dois tipos de amor que definem os relacionamentos de família, um conjugal, o outro cognático, e é nesse sentido que o amor é um sinônimo de relação sexual.

Mas, num nível inteiramente diferente, alguns fatos etnográficos permanecem e constituem uma parte fundamental do sistema de parentesco americano. Esposa, mãe, irmã e filha são mulheres; marido, pai, irmão e filho são homens. A não ser que um deles seja um parente *step*-, esposa, mãe, marido e pai são todos mais velhos que irmã, filha, irmão e filho. Além disso, as normas que definem o que é correto e apropriado para um pai de classe baixa são diferentes das que valem para um pai de classe média.

Muito além das características distintivas que definem a família e seus membros, cada membro *também* é uma pessoa, e, como pessoa, é construído a partir não de apenas um, mas muitos elementos diferentes, cada um vindo de muitas fontes diferentes.

Esposa e mãe são a mesma pessoa no parentesco americano, não importa que outras diferenças existam entre as duas, e marido e pai também são a mesma pessoa. Mas esposa e filha precisam ser pessoas diferentes, assim como marido e filho. Um homem pode ser ao mesmo tempo filho e irmão, uma mulher, filha e irmã. Mas a ideia que a esposa na família possa ser uma pessoa e a mãe outra é impensável no parentesco americano.

Preciso interromper a descrição do parente como uma pessoa neste ponto. Esse conceito é uma parte fundamental do sistema de parentesco americano, mas a Parte I deste livro trata exclusivamente das características distintivas dos membros da família como parentes e da família como uma unidade. Aqui, é fundamental distinguir entre o pai como um pai e como um homem, a mãe como uma mãe e uma mulher etc. A Parte II está reservada para a descrição do parente como uma pessoa e da família como um grupo de pessoas. É nesse ponto que o fato do pai ser ao mesmo tempo um homem, talvez de classe média, possivelmente protestante, e assim por diante, torna-se relevante.

V

A figura da relação sexual contém os símbolos centrais do parentesco americano, e cada elemento dela está relacionado aos outros e ao todo. A imagem da família replica essa figura, mas agrega acréscimos consideráveis ao seu significado.

A relação sexual afirma e define os elementos do parentesco e as relações desses elementos entre si. A família também afirma os elementos e sua relação entre si, mas ela é ao mesmo tempo o paradigma de como as relações familiares ou de parentesco devem ser conduzidas, e para que fim. Mas a natureza dos elementos constituintes, sua definição, sua postulação como entidades naturais e culturais (ou seja, selecionadas pela razão humana e formadas pela lei do homem a partir dos fatos da natureza), e suas relações entre si afirmadas na figura da relação sexual são ao mesmo tempo símbolos no padrão para a conduta apropriada do parentesco como enunciado no paradigma da família.

Apesar do padrão que afirma como o parentesco deve ser conduzido se aplicar à família como um todo, ele também fundamenta todos os tipos de relações de família e todas as partes da família. Membros da família são distinguidos uns dos outros *dentro* da família. Eles não são distinguidos *da* família ou *contra* a família. Não importa quais outros significados marido, esposa, mãe, pai, filho, filha, irmão e irmã possam ter – eles compartilham o conjunto de significados definido para a família porque eles próprios são definidos como membros da família, e a família é definida como composta por eles. A família, portanto, representa como o parentesco deve ser conduzido e, porque eles são membros da família, representa ao mesmo tempo como o marido e esposa e seus filhos devem se conduzir.

Por exemplo, os americanos muitas vezes responsabilizam a família pelos problemas em que as crianças se envolvem, pela delinquência juvenil, a alta taxa de divórcios, a infidelidade conjugal, o alcoolismo, o vício em drogas e inúmeros outros eventos perturbadores. Às vezes também se diz, ainda que talvez com menor frequência, que a família é responsável por algum estado de coisas louvável, como a baixa taxa de delinquência juvenil de algum grupo étnico ou religioso.

À primeira vista, parece absurdo culpar ou creditar "a família", porque a teoria que esses mesmos americanos sustentam é que a delinquência de uma criança se deve à negligência ou irresponsabilidade dos pais, e que se os pais fizessem seu trabalho apropriadamente, essas coisas não aconteceriam. São os pais, portanto, quem se deve culpar, e não "a família". Da mesma forma, se o divórcio ocorre ou não ocorre quando deveria ocorrer, parece difícil entender por que "a família" como um todo deva ser considerada responsável quando, supostamente, são o marido e a esposa os responsáveis, e não os filhos.

Por que, então, "a família" deve ser considerada responsável? Em que sentido a palavra é usada nessa afirmação?

"A família" representa cada membro da família e todos os seus membros, representa como cada membro da família deve se comportar e como as relações de família devem ser conduzidas por quem quer que as conduza. Se "a família" estivesse certa, então a criança não seria delinquente, o casamento estaria estável, e assim por diante. Isso significa que se todos da família se comportassem de acordo com os padrões apropriados da vida familiar, tudo estaria bem.

A família como um símbolo é um padrão para como as relações de parentesco devem ser conduzidas; a oposição entre "lar" e "trabalho" define muito claramente esses significados e os enuncia em termos das características distintas a ambos e opostas às do outro.

Eu disse que uma família vive junto, e o lugar onde ela vive é o "lar". A diferença entre uma casa (*house*) e um lar (*home*) é celebrada em canções, histórias e provérbios. Uma casa é onde uma família mora; o modo pelo qual ela mora lá pode transformá-la num lar. "Sentir-se no lar"[6] se opõe a todos os outros estados, que implicam um sentido de ser um estranho. Pode-se contratar uma empregada (*housekeeper*), uma pessoa que cuida das diferentes tarefas de manutenção da casa, mas uma dona de casa (*homemaker*) transforma uma casa num lar e nenhuma quantidade de dinheiro (assim se diz) pode comprar isso.

Um dos modos mais fundamentais – e dos mais específicos – que diferencia o parentesco de todos os outros tipos de relação é a separação física entre o trabalho e o lar. Essa separação é observada de forma mais vívida nos casos especiais quando, por algum motivo, o trabalho e o lar estão em proximidade física muito grande. Quando uma família possui uma loja com seus aposentos nos fundos, ou no andar de cima, ou quando um médico ou advogado tem salas de consulta em sua casa ou apartamento, a linha entre os dois é delineada muito claramente. Ela pode não ser nada mais que uma cortina ou porta, mas a fronteira é tratada com o maior respeito possível.

A segregação de domínios culturalmente distintos por localização física é explícita em frases como: "um lugar para cada coisa e cada coisa em seu lugar" e "há uma hora e um lugar para tudo". Mais especificamente relevante aqui é o enunciado: "o lar de um homem é o seu castelo", não apenas como uma afirmação da privacidade do lar, mas também como um sinal de que um domínio não deve ser invadido pelo outro. A separação física dos lugares marca a separação clara dos próprios domínios.

O trabalho, como o lar, é tanto um lugar quanto uma atividade. Com exceção disso, o trabalho e o lar são diferentes em todos os aspectos relevantes. Fazem-se coisas diferentes no lar e no trabalho, com objetivos diferentes e de modos diferentes por pessoas diferentes.

O trabalho é produtivo, seu resultado é algum tipo de produto. Não importa se esse produto é um objeto como um par de sapatos, um serviço como o acompanhamento jurídico ou entretenimento como o teatro. O trabalho tem um objetivo ou finalidade que é claro, explícito e unitário. Pode-se perguntar sobre qualquer local de trabalho: "O que se faz aqui?", e a resposta dada será o objetivo dessa forma de trabalho. Talvez seja uma fábrica: "Eles fazem sapatos". Talvez seja uma pessoa em particular na fábrica: "Ele costura solas".

O lar não tem nenhum objetivo ou finalidade específica, explícita e unitária. O resultado do lar não é um produto único, uma forma específica de entretenimento ou um serviço especial.

---

6. É útil notar que, na cultura brasileira, a distinção entre "casa" e "lar" é menos forte do que na americana. Falar "sinto-me em casa" no Brasil tem basicamente o mesmo significado que "*I feel at home*" ("sinto-me no lar") nos Estados Unidos. Ter isso em mente ajudará a compreender a discussão que se segue [N.T.].

O lar não é mantido por dinheiro, e fala-se sobre as coisas relacionadas ao lar e a família que existem algumas coisas que o dinheiro não compra! A fórmula em relação ao trabalho é invertida exatamente no lar: o que se faz se faz por amor, não por dinheiro! E, é claro, aquilo que o dinheiro não pode comprar é o amor.

Os americanos dizem que você pode escolher seus amigos, mas não seus parentes: você nasce com eles. Você também pode escolher a pessoa que faz um trabalho para você, e se ela não fizer um trabalho aceitável, você pode demiti-la e conseguir outra pessoa para fazê-lo. Ex-amigos e ex-trabalhadores fazem parte do elenco de personagens na vida americana.

Mas não existem ex-pais, ex-mães, ex-irmãos ou ex-irmãs, ex-filhos ou ex-filhas. E eles também não podem ser escolhidos para esse trabalho. Nascemos com eles. Podemos ter sorte boa ou não muito boa, mas não há devoluções ou trocas ou segundas chances quando se trata de parentes de sangue. Nós ficamos com o que temos.

Os padrões que se aplicam a um empregado são diferentes dos que se aplicam a parentes. Num emprego, a questão é se há competência técnica e os padrões de atuação são determinados pela natureza técnica do trabalho. Eles podem ser a produção medida pelo número de itens manufaturados ou por quanto material é convertido num tempo determinado. A própria natureza do trabalho enuncia o que deve ser feito; padrões são estabelecidos e a atuação pode então ser comparada a esses padrões. Mas tudo isso ocorre dentro do esquema de algum conjunto de considerações mecânicas e impessoais.

Com os parentes, o que vale é quem alguém é, e não como ele faz ou o que ele faz. Com empregados, no trabalho, o que vale é o que alguém faz e como ele o faz. Quem ele é, supostamente, não deveria importar. Com os parentes, no lar, com a família, o que importa é a questão de como a outra pessoa é relacionada. No emprego, durante o trabalho, não importa como a pessoa obteve o emprego, apenas como ela faz o trabalho.

Não quero dizer que uma mãe que não faz um bom trabalho de mãe está imune a críticas ou recriminações. Quero dizer que ela não pode perder seu cargo de mãe, não importa o quão mal ela o desempenhe. Ela pode perder a guarda do filho, mas ela ainda será sua mãe.

O marido e a esposa não são parentes de sangue. Mas eles também não são empregados. Não se demite um cônjuge, mas um casamento pode ser terminado pelo divórcio ou anulado sob certas condições. Uma ex-esposa ou um ex-marido pode ser um bom amigo e depois, talvez, até mesmo um ex-amigo.

Mas os padrões que se aplicam a empregados simplesmente não se aplicam a um cônjuge. Não há nenhuma descrição técnica do emprego para um marido ou uma esposa na qual um resultado de algum produto como fraldas limpas ou uma capacidade de salário determinada por semana possa ser estabelecida para um cônjuge de uma certa idade, sexo ou padrão de qualidade. Certamente podemos comparar cônjuges, e isso é feito, em termos de se eles cozinham bem ou não, se são maridos prestativos, úteis em reparos domésticos, ou se são bons ganha-pães. Um cônjuge pode ser bondoso; o outro, mesquinho. Uma esposa pode ser preguiçosa ou trabalhadora, mas mesmo que um cônjuge seja mal-avaliado em todas as medidas de competência ou produtividade que possam ser aplicadas, do número de camisas limpas por semana à quantidade de demonstrações de afeto carinhosas exibidas por mês, isso *por si só* não é uma base apropriada ou suficiente para terminar um casamento. Um empregado é demitido por uma atuação ruim de acordo com padrões técnicos. Não se divorcia de um cônjuge por atuações ruins medidas por padrões técnicos aplicados a um emprego. E também não se pode divorciar de um cônjuge ou anular um casamento pela não realização de um trabalho específico *enquanto um trabalho*.

O casamento é "na saúde e na doença, na riqueza e na pobreza, até que a morte nos separe". Ele é para valer, para sempre, exatamente como nas histórias sobre o príncipe e a princesa, onde eles se casam e são felizes para sempre.

O casamento não é um emprego, e um cônjuge não pode ser demitido como um mecânico incompetente ou uma costureira ineficiente. O divórcio ou a anulação do casamento dependem do fato de que *o relacionamento* pode ser terminado, e isso depende do fato de ser um relacionamento na lei, mas não de substância.

A recreação está no meio do caminho entre o lar e o trabalho, e combina as principais características simbólicas de ambos. Como todo o resto na cultura americana, ela tem seu próprio lugar especial, pois tirar férias significa sair para um lugar que não é nem o trabalho nem o lar. Enquanto o trabalho é por dinheiro e o lar é por amor, a recreação é pela gratificação, para restaurar, para recriar. Durante as férias, fazemos o que gostamos de fazer. Se gostamos de pescar ou de caçar ou de ir para a praia ou simplesmente de ficar deitados sem fazer nada, então esse é o tipo de coisa para fazer durante as férias.

As férias são produtivas – no número de peixes pescados ou animais caçados, ou quadros pintados, ou livros lidos – não porque essas coisas são produtivas por dinheiro, mas porque são as coisas que a pessoa gosta de fazer.

Talvez a pessoa possa ir a um balneário ou a um lugar com hotéis e vida noturna para suas férias. Lá ela encontra todos os confortos do lar, mas nenhuma de suas restrições. O quarto é privado, a cama é privada, o banheiro é privado, mas as refeições podem ser tomadas numa sala de jantar de um certo tamanho. Certamente em sua própria mesa com sua família ou com quem quer que esteja compartilhando da recreação. Mas a pessoa em férias não prepara as refeições ou cuida dos afazeres domésticos. Ela paga por esses serviços, e algumas pessoas estão no negócio (como trabalho) de fornecer férias ou recreação para outras. O sucesso das férias não é medido pelo seu custo, mas pela razão entre gratificação e custo. "Valeu a pena? Você se divertiu?" são as perguntas feitas.

O conjunto de características que distingue o lar do trabalho é uma expressão do paradigma geral de como as relações de parentesco devem ser conduzidas e com qual objetivo. Essas características formam um aglomerado interconectado intimamente.

O contraste entre amor e dinheiro na cultura americana resume esse aglomerado de características distintivas. O dinheiro é material, ele é poder, ele é impessoal e não é qualificado por considerações de sentimentos ou moralidade. As relações de trabalho, centradas no dinheiro, são de um tipo temporário e transitório. Elas são contingentes, e dependem completamente do objetivo específico – o dinheiro. O dinheiro dá poder à pessoa, ou seja, vantagens sobre outras pessoas. O fato de ele também se colocar entre as pessoas é o assunto de uma vasta literatura. O dinheiro mede se o resultado do trabalho, algum tipo de produto ou serviço, tem valor – e, se tiver, quanto é.

O amor não é material. Ele é altamente pessoal e está cercado de qualificações e considerações de sentimentos e moralidade. O amor junta coisas diferentes e as unifica. O resultado do amor não é um produto material à venda, e as relações de amor têm uma qualidade duradoura que é contrária à qualidade contingente do trabalho. De fato, seu objetivo ou valor está em suas qualidades duradouras, entre outras.

Mas a oposição entre dinheiro e amor não é simplesmente que o dinheiro é material e o amor não é. O dinheiro é material, mas o amor é *espiritual*. A qualidade espiritual do amor está intimamente ligada ao fato de que, no amor, as considerações cruciais são as pessoais. As considerações pessoais são uma questão de quem é, e não do quão bem se realiza uma tarefa ou quanta eficiência se tem. O amor é um relacionamento entre pessoas. A moralidade e os sentimentos, por sua vez, são a essência da qualidade espiritual do amor, pois elas transcendem considerações pequenas e mesquinhas de ganhos ou vantagens particulares ou mera gratificação. E, como o dinheiro é material, sua qualidade é a do momento. Ele é destrutível, e sua natureza transitória é fundamental. Mas o amor é espiritual, duradouro e indestrutível. E, portanto, as relações de dinheiro têm objetivos estreitos e específicos, e essas relações são não apenas transientes, mas também destrutivas de valores espirituais.

VI

Os símbolos do parentesco americano são muitos e variados, distribuídos por uma escala completa. Mas todos eles são essencialmente redundantes num de seus aspectos, enquanto outros aspectos variam com contextos e domínios diferentes.

Os símbolos do parentesco americano consistem na unidade da carne e do sangue, no fato de que o filho se parece com os pais ou puxa um avô, e na afirmação que o sangue é mais grosso do que a água – um significado disso é reiterado na frase: "uma casa não é um lar". Os símbolos do parentesco americano afirmam que a união entre um marido e uma esposa é uma união espiritual além de ser uma união carnal, que ela é uma união pessoal, e que a partir dessa união se forma uma nova pessoa. A palavra para essa união espiritual é "amor". O amor junta os opostos numa única unidade, enquanto mantém juntas coisas que estão se separando: o filho e seus pais, ou irmãos e irmãs crescendo, encontrando seus próprios pares e fundando suas próprias famílias. Os símbolos do parentesco americano consistem no amor maternal, fraternal, conjugal e paternal, como também sentimentos filiais de lealdade e respeito. O casamento é por amor, e para sempre, "na saúde e na doença, na riqueza e na pobreza, até que a morte nos separe". Ele pode *ser* divertido, mas não é *para* diversão.

Mas então o que significam todos esses símbolos variados e diferentes? O que eles dizem para as pessoas fazerem? Como elas devem agir? Qual é o paradigma para conduzir relações de parentesco ou de família? Com que objetivo?

Certas ações específicas são ou necessárias ou explicitamente proibidas. A relação sexual deve ser de genital com genital, e de nenhum outro modo. Ela deve ser entre marido e esposa, e com nenhuma outra pessoa. De qualquer outro modo ou entre quaisquer outras pessoas, ela é errada e proibida. A família é um par conjugal que cria seus descendentes em seu próprio lar. Uma família sem um lar, um marido, uma esposa ou um filho não está completa. Ela está quebrada. Um filho ou filha compartilha, por definição, a substância biogenética de seus pais. Exceções a isso podem ser obtidas com bases legais, pela adoção, e certas ficções podem ser aceitáveis sob condições especiais. Mas, se houver qualquer possibilidade, um filho ou filha deve ser o descendente biológico de ambos os seus pais.

Mas a relação sexual também é, e também representa, o amor. As definições da cultura americana afirmam que o amor é espiritual e duradouro, e não tem objetivos materiais específicos estreitos. O amor é uma relação entre pessoas, não entre coisas. Ele significa unidade, não diferença. Ele significa quem você é, e não quão bem você atua. Ele significa confiança, fé, afeição, apoio, lealdade, ajuda quando for preciso, e o tipo de ajuda que for necessário. O amor significa que a pessoa nunca é desertada, traída ou abandonada. O amor é dado livremente e sem egoísmo, senão não é amor para a cultura americana.

A família, então, como um paradigma de como as relações de parentesco devem ser conduzidas e com que objetivo, especifica que as relações entre os membros da família são relações de amor. Podemos falar da família como "as pessoas amadas". O amor pode ser traduzido livremente como *solidariedade di-*

fusa duradoura. O objetivo para o qual as relações de família são conduzidas é o bem-estar da família como um todo e de cada um de seus membros.

Mas certos atos específicos que fazem parte do aglomerado de símbolos que definem o parentesco e a família também têm o valor de signos para outros símbolos desse aglomerado definidor. A relação sexual entre marido e esposa não é apenas um ato que define especificamente o relacionamento conjugal. Ela também é um ato que é um signo de amor. O adultério é errado não apenas porque a relação sexual, por definição, é a característica distintiva do relacionamento conjugal, mas também porque é um signo de que o amor incorporado na relação sexual está direcionado a uma pessoa que não tem direito a ele. Assim, o ato do adultério é mais do que simplesmente algo errado. Ele é um ato que é tanto errado por si mesmo quanto ao mesmo tempo um sinal de que algo mais também está errado, de que o amor não está mais onde deveria estar. Pois o adultério é tratado como um ato de deslealdade e traição de uma forma que só pode ser compreendida se o ato for muito mais do que meramente um evento de relação sexual. Ele significa que o cônjuge não é amado; ele significa que o amor que deveria ser exclusivo do casal unido foi dado para alguém que não tem direito a ele; ele significa que a própria essência do relacionamento espiritual entre marido e esposa foi tratada como uma mera forma de gratificação, animal e não humana em seu significado. No adultério, o que está em jogo é o amor, e não só a relação sexual.

A solidariedade difusa duradoura, ou amor, em seu sentido mais geral na cultura americana, é fazer o que é bom ou certo para a outra pessoa, sem levar em conta seu efeito no agente. Na verdade, o efeito no agente é bom e benéfico em virtude do bem que ele faz. No que isso consiste para um ato específico não está dado no símbolo do amor ou da solidariedade difusa duradoura – isso está localizado em todos os outros símbolos definidores de contexto da cultura americana. A coisa certa a fazer para um homem de meia-idade pode ser errada para uma criança. O que é bom para uma mulher de classe alta pode ser ruim para uma mulher de classe inferior. O que é bondoso para um fazendeiro pode ser uma ofensa para um artista.

Uma das coisas mais importantes sobre o amor, ou solidariedade difusa duradoura, é o fato de que uma variedade muito ampla de tipos diferentes de atos específicos pode expressá-lo ou afirmá-lo. Num contexto, um beijo afirma o amor. Em outro contexto, pagar o aluguel faz isso; assim como manter o trabalho que gera o dinheiro para pagar o aluguel. Segurar uma mão pode expressar solidariedade difusa. Manter a casa limpa e arrumada pode ser um sinal de amor. Cozinhar pode demonstrar amor, assim como comer o que foi cozido. Um homem cuidar de um bebê pode expressar seu amor não apenas pelo bebê, mas também por sua esposa, a mãe do bebê. E a esposa cuidar do bebê pode expressar seu amor não apenas pelo bebê, mas também por seu marido, o pai do bebê. Contar a verdade pode ser a essência da solidariedade difusa num contexto, e contar uma mentira pode ser sua expressão mais alta em outro.

Mas, da mesma forma, o sinal do amor no contexto errado ou do modo errado pode ser o sinal de que não há amor. Manter a casa tão limpa e arrumada a ponto de não se poder viver nela pode não expressar solidariedade nenhuma, apenas o fato de que a outra pessoa não pertence realmente a casa, que ela não é o seu lar. Trabalhar tão duro para ganhar o dinheiro para pagar o aluguel a ponto de não haver tempo para mais nada que não seja o trabalho pode ser o modo mais simples de dizer que não há amor. Isso dificilmente é um ato de solidariedade, difusa ou não.

Para resumir, então, a família no parentesco americano como um paradigma de como os membros da família devem se conduzir é essencialmente muito simples. Um sistema de um pequeno número de símbolos define e diferencia os membros da família. Esses mesmos símbolos também definem e diferenciam os tipos de relacionamento – ou seja, os códigos de conduta – que os membros da família devem ter entre si.

Os membros da família são definidos em termos da relação sexual como um ato reprodutivo, enfatizando o relacionamento sexual entre marido e esposa e a identidade biológica entre pai e filho, e entre irmãos. Há dois tipos opostos de relação aqui. Uma é entre opostos, marido e esposa. A partir de sua união, o filho é criado. O filho tem a mesma substância biogenética de seus pais; essa unidade de substância material mantém a unidade entre pai e filho e irmão quando a criança começa a se diferenciar ao nascimento, e também quando ela continua a se separar ao crescer, casar e fundar sua própria família. O contraste fundamental é entre a unificação de opostos – marido e esposa na relação sexual – e a manutenção da unidade daqueles que se diferenciam – filho dos pais e irmão de irmão.

O símbolo do amor faz a ponte entre os dois domínios culturalmente distintos. Primeiro, o domínio do parentesco como um relacionamento de substância; segundo, o domínio do parentesco como um código de conduta para o tipo de relacionamento interpessoal entre eles.

A relação sexual é amor e representa um signo de amor, e o amor representa a relação sexual e é um signo dela. Os dois tipos diferentes de amor – o conjugal e o cognático –, um erótico, o outro não; ainda assim são ambos símbolos de unidade, identidade, unicidade, junção, pertencimento. O amor simboliza a lealdade, a fé, o apoio, a ajuda, e assim por diante.

Então, independentemente de como os membros da família se diferenciam uns dos outros, seu relacionamento entre si deve ser idêntico. Ele deve ser de amor. Cada um deve agir para os outros com o amor como princípio orientador. Ou, como se diz mais precisamente, com amor no coração.

Enquanto um tipo de relacionamento, o amor pode ser traduzido como *solidariedade difusa duradoura*. *Solidariedade* porque o relacionamento é de apoio, de ajuda e cooperativo; ele se baseia na confiança e pode-se confiar no outro. *Difusa* porque ele não se confina estreitamente a um objetivo específico ou a um tipo de comportamento específico. Dois atletas podem cooperar e apoiar um ao outro enquanto o jogo durar e com o objetivo de ganhar o jogo, mas, fora dele, podem ser indiferentes um ao outro. Dois membros da família não podem ser indiferentes um ao outro, e como sua cooperação não tem um objetivo específico ou um tempo limitado específico em mente, ela é *duradoura*.

Os elementos biológicos na definição de parentesco têm a qualidade de símbolos. O fato de parentes de sangue compartilharem substância biogenética é um símbolo de unidade, de unicidade, e isso é simbolicamente permutável com o símbolo do amor. Os símbolos da unidade afirmados biologicamente são reafirmados de vários modos no parentesco americano; o filho sendo do corpo de sua mãe; criado conjuntamente pelos corpos da mãe e do pai; alimentado pelo seio da mãe; a noção do leite da bondade humana e a segurança e confiança sem reservas e sem limites que o seio representa; a criança puxar ou se parecer e agir como os pais e os pais dos pais – tudo isso são aplicações especiais do enunciado geral que a unidade biológica é o símbolo de todos os outros tipos de unidade, incluindo, fundamentalmente, a dos relacionamentos de solidariedade difusa duradoura.

O parentesco na cultura americana, então, é um relacionamento de solidariedade difusa duradoura. Mas isso não é o bastante para distingui-lo de todos os outros tipos de relacionamentos. Os amigos, nos Estados Unidos, podem ser leais, fiéis, prestativos, e tudo mais que um parente pode ser. Jocosamente, diz-se até que, sem dúvida, o melhor amigo de um menino é sua mãe, mas também se diz que o melhor amigo do homem é seu cachorro. Por mais incompatíveis que esses enunciados pareçam ser, eles ainda assim são da mesma ordem e vão diretamente ao ponto.

Na cultura americana, tanto a amizade quanto o parentesco são relacionamentos de solidariedade difusa. O que distingue amigos de parentes, como os informantes nos contam muito claramente, é que você nasce com seus parentes, mas pode escolher seus amigos. Se você pode escolhê-los, pela mesma medida você pode descartá-los quando quiser e sem nenhuma obrigação. É claro que a lealdade a um amigo é vital, e recusar um amigo quando ele tem uma necessidade urgente é imperdoável. Mas também é verdade que, como afirma um ditado, com amigos como esses, quem precisa de um inimigo?

O contraste entre amigos e inimigos é que, enquanto os amigos agem por amor, os inimigos agem por ódio. Enquanto os amigos têm nossos melhores interesses em mente, os outros selecionam cuidadosamente os piores interesses para amplificar.

Parentes são relacionados por sangue ou por casamento; amigos e inimigos são encontrados ou escolhidos ou se autosselecionam, mas eles certamente não são dados ao nascer, como ocorre com os parentes.

Nós não temos dificuldades para distinguir amigos de parentes. Nesse aspecto, amigos e inimigos são semelhantes por serem escolhidos. Nos termos de como eles devem agir, amigos e parentes são semelhantes porque ambos são guiados pelas normas da solidariedade difusa.

Aqui talvez esteja a chave da questão.

No contraste entre o lar e o trabalho, existe aquela área intersticial, aquele domínio peculiar que combina as melhores partes de cada um, mas não é nenhum chamado de férias, uma realização comercial que fornece um lar longe do lar. A amizade, como as férias, oferece as melhores partes de dois domínios diferentes e tem essa mesma qualidade intersticial.

Enquanto nascemos com nossos parentes, e nossa solidariedade difusa está com eles "por toda a vida", podemos selecionar e escolher nossos amigos como quisermos e com certos propósitos claros em mente. É por isso que se diz, é claro, que, quando subimos a escada social, o caráter – quer dizer, o caráter social – de nossos amigos muda para refletir essa ascensão. Apesar de podermos escolher um cônjuge, pois certamente não nascemos com um, ainda assim existe uma diferença fundamental entre os dois. Um cônjuge, para o bem ou para o mal, é para longo prazo, e a qualidade da lealdade (ou do amor) é duradoura e sem qualificação de tempo ou lugar ou contexto. Escolher e descartar um cônjuge por propósitos puramente utilitários não é considerado apropriado, ainda que isso certamente aconteça.

Enquanto um empregado é julgado por padrões rigorosos de desempenho dentro de um domínio específico de ação relevante, isso não ocorre com um cônjuge, que é julgado por padrões de solidariedade difusa. Um cônjuge pode ser leal ou desleal, fiel ou infiel. Não há nenhuma medida de eficiência em sua fidelidade. Não há nenhuma medida de realização perita em sua lealdade. Esperamos o melhor, mas ficamos com o que temos.

Mas um amigo é descartado se ele não mantiver padrões desejáveis de lealdade, solidariedade ou fidelidade. Para um amigo, a *performance* é tudo, pois não há nada mais. Um bom amigo é aquele que executa as tarefas da lealdade com habilidade e coragem e presteza. Um bom amigo está lá quando precisamos, e não tropeça no serviço. E um bom amigo pode ser descartado por não alcançar os padrões apropriados de *performance* no papel da solidariedade difusa.

A amizade combina as vantagens da liberdade para avaliar a *performance* e encerrar o relacionamento com as exigências da solidariedade difusa, que não especificam exatamente o que um amigo deve fazer. Amigos são parentes que podem ser dispensados se necessário, e parentes são amigos que estão com você para o que der e vier, quer você goste disso ou não, e sem importar se eles fazem o trabalho direito ou não. Você realmente pode contar com seus parentes.

É isso, obviamente, que permite entender a frase que o melhor amigo de um menino é sua mãe e que o melhor amigo do homem é seu cachorro. Uma mãe pode, e, às vezes, faz coisas para um filho que cumprem os maiores padrões de *performance* da amizade. A *performance* dela pode ser mais do que é meramente exigido pelo relacionamento duradouro de mãe e filho. E um cachorro, porque você pode exigir os maiores padrões de lealdade e solidariedade difusa dele, é um tipo de amigo; ele não é um contratado ou um funcionário pago, porque a solidariedade difusa ocorre num contexto onde você pode se livrar do cachorro se quiser. Aqui, é claro, o contraste com nossos filhos fica mais claro. Esperamos solidariedade difusa e lealdade de nossos próprios filhos. Mas se eles se tornarem maus, não podem ser levados para a sociedade protetora dos animais local para "dormirem". Eles são seus, e você fica com eles assim como eles ficam com você.

Parte II
O parente como uma pessoa

4
Um parente é uma pessoa

I

A decisão sobre quem é e quem não é um parente é feita por uma *pessoa*, e é sobre outra *pessoa*.

A pessoa é uma das principais unidades da cultura americana, assim como a família, a companhia, a cidade e o país (a nação) são unidades culturais.

Essas unidades são diferentes dos outros tipos por serem definidas pela cultura americana como sendo capaz de fazer alguma coisa, ou de *agir*. É uma "ficção" legal explícita que a corporação é uma pessoa, capaz de agir para o bem ou para o mal, e de ser responsável por suas ações. O país também pode agir. Ele pode entrar em guerra, gastar dinheiro, ter uma política externa. Assim como se pode dizer que uma pessoa faz alguma coisa, também se pode dizer que uma cidade ou companhia ou país *faz* alguma coisa.

A pessoa, como uma unidade cultural capaz de ação, tem uma *identidade primária*. Isso define que tipo de pessoa ela é; ou seja, define o domínio cultural relevante nos termos do qual ela age. Uma pessoa pode ser um pai, um policial, um juiz, um padre, um piloto. O pai é uma pessoa numa família. O policial é uma pessoa na delegacia, que faz parte do governo. Um juiz é um membro do tribunal, que faz parte do governo e da lei, enquanto o padre é um membro de uma igreja, que é o domínio da religião.

Elementos diferentes se misturam para compor a definição da pessoa, mas esses elementos precisam compor uma unidade definida como fazendo alguma coisa, desempenhando um papel na vida real. O policial é um homem. Ele age para manter a lei e a ordem. Ele precisa conhecer a lei para fazer o seu trabalho, mas o policial certamente não é um advogado, nem o advogado é um policial. Ele precisa saber ler e escrever e ser capaz de emitir uma intimação legal por infrações da lei quando isso for apropriado, mas saber ler e escrever não faz de alguém um policial. Ele precisa ser capaz de se defender de ataques físicos e usar a força quando necessário para apreender criminosos, mas simplesmente ser forte ou um bom lutador não faz de um homem um policial.

Os elementos diferentes que são combinados na definição da pessoa – policial, pai, juiz, ou o que quer que seja – vêm de sistemas de conceitos e símbolos diferentes, cada um de seu próprio domínio, que é definido de modo separado de pessoas ou de outras qualificações parecidas. Na cultura americana, a masculinidade e a feminilidade têm certas definições, certos atributos, que são definidos separadamente de qualquer pessoa, situação ou restrição especial de contexto. A idade também é definida na cultura americana separadamente de qualquer situação ou pessoa particular, mas ela faz parte da definição de vários tipos diferentes de pessoas. E, da mesma forma, o parentesco forma seu próprio conjunto distinto e autocontido de conceitos e símbolos definidos separadamente de pessoa, lugar ou tempo.

No capítulo anterior examinei os significados culturalmente explícitos da família, aqueles que a observação direta e os informantes fornecem imediatamente. Nesses significados, a família é um casal casado com seus filhos morando juntos em seu próprio lar, ou é o casal casado e seus filhos sem levar em conta onde eles moram, ou é uma unidade muito mais ampla que inclui o que se diz serem todas, ou quase todas, as pessoas que são contadas como parentes.

Nesses sentidos, a família pode significar o Sr. e a Sra. Jones e os três pequenos Jones, ou pode significar as mais ou menos cem pessoas que comparecem ao piquenique e reunião familiar anual dos Jones. E, também nesse sentido, mas apontando do passado para o presente em vez de apenas do presente, está o uso que diz que a família Jones é realmente muito antiga, e está na cidade desde que ela foi fundada há mais de 150 anos.

Esses significados são dados em termos de pessoas, e a tarefa do último capítulo foi pegar esse conjunto de significados da família e refratar seus vários componentes conceituais e simbólicos para que a parte do parentesco pudesse ser isolada em sua forma pura, por assim dizer, em contraste a todos os outros componentes a partir dos quais essas definições baseadas em pessoas são construídas.

Por exemplo, os informantes dizem que uma esposa cozinha e cuida da casa, e a observação muitas vezes confirma isso. Mas a esposa faz isso porque ela é uma *esposa* ou porque ela é uma *mulher*? A resposta fica clara tanto pelos informantes quanto pela observação; ela cozinha e cuida da casa porque ela é uma *mulher*. Mulheres que não são esposas cozinham e cuidam da casa; esposas não necessariamente cozinham e cuidam da casa. Cozinhar e cuidar da casa não faz de uma mulher uma esposa. A característica distintiva que define uma esposa é que ela é a parceira sexual legítima de seu marido. Da mesma forma, alguns informantes dizem que um marido deve ir trabalhar e ganhar a vida para sustentar sua família. Mas será que um marido vai trabalhar e ganhar a vida porque ele é um *marido*? A resposta dos informantes é que o papel de um homem é trabalhar. Mas um homem não é necessariamente um marido, e um marido não necessariamente trabalha. O que faz de um homem um marido não é se ele trabalha ou não, mas que ele é o parceiro sexual legítimo de sua esposa. Da mesma forma, os informantes são claros ao dizer que é apropriado que um pai tenha autoridade sobre seus filhos. Mas, mais uma vez, podemos perguntar: O pai tem autoridade porque ele é o pai? A resposta é não. Um pai tem autoridade porque ele é homem e é mais velho, não porque ele é um pai. A autoridade do pai sobre seus filhos se desvanece quando estes crescem; portanto, a idade deles tem muito a ver com o grau e tipo de autoridade. A característica distintiva de ser um pai ou um marido não tem nada a ver com a autoridade. Um pai é um genitor, e, como nossa informante disse, um marido é um amante.

Assim, descobrimos que no parentesco americano a família é um paradigma para o que cada parente é e como eles devem se comportar perante os outros. E isso significa, como mostrei, que o pai é o genitor, a mãe é a genetriz, marido e esposa na relação sexual, filho e filha os descendentes dessa união, irmão e irmã os filhos do casal casado, e o relacionamento de todos eles entre si é de amor, seja conjugal (marido e esposa) ou cognático (os outros), mas em cada caso, o amor é um relacionamento de solidariedade difusa duradoura.

A família *nesse* sentido consiste no conjunto autocontido de símbolos diferenciados a partir do símbolo central da relação sexual/amor. Ela define o que um parente é em termos abstratos. Ela afirma o que o relacionamento entre parentes é por definição. Ela consiste num conjunto de elementos conceituais e suas inter-relações.

Isso, para resumir, é no que consiste o parentesco americano, e esses, por sua vez, são elementos que constituem qualquer pessoa em particular, desde que ela seja um parente ou participe de um relacionamento de parentesco.

Mas o parentesco, como um sistema autocontido de símbolos e conceitos definidos e diferenciados sem referência a pessoa, lugar ou tempo, se distingue, nos Estados Unidos, de parentes como *pessoas* e da família como um *grupo de pessoas*. Esses dois não devem ser misturados ou confundidos, pois são muito diferentes. *O parente como uma pessoa é muito diferente das características distintivas que definem a pessoa como um parente.*

Uma pessoa como uma unidade cultural é um composto, constituído de vários elementos diferentes de subsistemas ou domínios simbólicos diferentes. A pessoa tem sexo masculino ou feminino, como definido pelo sistema de papéis sexuais. A pessoa tem atributos de idade como definidos pelo sistema de papéis etários. A pessoa tem características de classe como definidas pelo sistema de classes. A pessoa pode ter atributos ocupacionais, religiosos, políticos ou vários outros, cada qual definido por referência a seu próprio conjunto de símbolos autocontidos de seu domínio.

É o construto da pessoa que articula os vários domínios conceituais e simbólicos da cultura americana e os traduz numa forma capaz de ação; ou seja, num conjunto de padrões normativos, ou guias da ação, pelos quais qualquer pessoa concreta e real pode orientar essa ação.

Na cultura americana, a pessoa é concebida tanto como concreta quanto como abstrata, tanto como um conjunto de padrões normativos *quanto* como um indivíduo real vivo que deve tentar agir de acordo com essas normas. Existe não apenas a pessoa que é esposa e mãe numa família, enquanto um construto definido culturalmente, mas também existe uma pessoa particular para quem se pode apontar e dizer: "*Essa* é minha esposa, a mãe de John". A família é concebida como um grupo concreto de pessoas, mas a família também tem sua contraparte concreta, assim como sua concepção abstrata. Pode-se dizer a uma visita: "Esta é minha família: essa é minha esposa, Mary; esse é meu filho, John; essa é minha filha, Jane; e nós todos moramos juntos nesta casa, que é nosso lar". Mas também se pode falar sobre a família como um grupo de pessoas, que consiste no marido e esposa e seus filhos vivendo juntos em seu próprio lar, sem ter nenhuma pessoa em particular em mente.

A família nesse sentido, como um grupo de pessoas, é a mesma ordem de construto cultural que a Igreja como um corpo de fiéis, um time de beisebol como um grupo de jogadores, uma universidade como uma comunidade de acadêmicos ou, como em algumas outras sociedades, uma linhagem como um grupo de descendentes locais.

Isso me traz ao ponto-final que é preciso fazer aqui sobre o parente enquanto uma pessoa.

Eu disse que a pessoa é um construto cultural definido como sendo capaz de agir, de desempenhar um papel na vida real. O construto da pessoa, nesse sentido, é um guia normativo para como tal pessoa deve se comportar ou como tal pessoa deve agir.

O amor tem dois tipos de implicações para como os parentes devem se comportar entre si. A primeira, é claro, faz referência ao próprio conjunto específico de símbolos em termos dos quais o sistema de parentesco como um todo é definido e diferenciado, a saber, a relação sexual. Aqui, o paradigma é bastante explícito. Não deve haver nenhuma relação sexual entre parentes de sangue, pois seu amor é cognático, mas deve haver, como um sinal do amor *e* como o próprio amor, relação sexual entre o marido e a esposa, pois seu amor é conjugal.

Mas o segundo conjunto de implicações que o amor tem para como os parentes deve se comportar entre si só pode ser resumido no guia mais geral de todos os guias de ação: a solidariedade difusa duradoura.

Ora, na vida real é possível participar de relações sexuais ou evitá-las. Mas é difícil, na vida real, ocupar-se num estado de amor, manifestando solidariedade difusa duradoura.

O amor, nesse significado, deve ser expresso ou representado por algum ato específico que seja seu sinal, mas que não é "ele". Os atos que podem representar solidariedade difusa duradoura têm variedade quase infinita, muito além do símbolo específico pelo qual ela é definida: a relação sexual. E, portanto, o amor pode ser expresso, na cultura americana, por trabalhar duro ou por não trabalhar muito duro; ajudar com a louça ou não ajudar com ela; ajudar com o bebê ou deixar a mãe tomar conta dele; cortar a grama ou não cortá-la.

Não há nada inerente, e nem há nada definido especificamente na cultura americana, ao amor que faça de qualquer sinal particular um sinal necessariamente de amor ou de desamor.

Existe, então, uma conexão muito frouxa e indeterminada entre o estado geral de solidariedade difusa duradoura e os sinais particulares e específicos que são considerados marcas dele. Portanto, os sinais necessariamente tomam alguns de seus significados de áreas separadas e além dos limites do parentesco ou da família, e por serem definidos como bons ou ruins, benéficos ou maléficos, desejáveis ou indesejáveis por referência a seus próprios domínios ou sistemas de símbolos, estabelece-se seu valor dentro do contexto da família. Mas esse ato, com esse valor vindo desse domínio, é apenas um elemento da mistura que é a definição do parente como uma pessoa e que define as propriedades de seu comportamento como uma pessoa.

Para resumir, o parente como uma pessoa é muito diferente das características distintivas que definem a pessoa como um parente. Além do mais, há dois tipos diferentes de pessoas na cultura americana. Existe a pessoa abstrata, que é um construto normativo, e o indivíduo concreto. O conjunto autocontido de símbolos a partir do qual o parentesco americano é composto constitui as características distintivas que definem a pessoa como um parente. Mas a pessoa como um parente é composta de características distintivas que vão além das características do parentesco. Características da estratificação por sexo e idade e de outros sistemas são incluídas na construção da pessoa como um parente. A característica distintiva do modo pelo qual os parentes devem se comportar entre si é especificada pelo símbolo do amor, que pode ser concebido como solidariedade difusa duradoura. Mas o amor, ou solidariedade difusa duradoura, é o mais flexível dos símbolos, pois ele pode ser expresso por uma grande variedade de formas diferentes, de modo diferente para mulheres e para homens, para membros adultos da família e crianças da família, e assim por diante.

Finalmente, é preciso ficar bem claro que falo aqui da pessoa como uma unidade da cultura americana e como uma categoria cultural, e não como um construto analítico[1].

---

1. Existe um corpo considerável de literatura sobre a pessoa, indivíduo, ator, *self*, e assim por diante como uma ferramenta analítica útil para compreender o comportamento social. Nada disso é

II

Entretanto, não é suficiente saber que o parente como uma pessoa é um composto de elementos de diferentes sistemas de símbolos, todos dentro da cultura americana. É preciso saber uma outra coisa, e ela é a regra de acordo com a qual um parente é composto (formado).

A regra é muito simples. Uma pessoa é um parente se ela for relacionada por sangue ou casamento, e se essa relação for próxima o suficiente (ou não for distante demais).

Como qualquer regra, sua aplicação depende do significado dos termos com os quais ela é enunciada. Se o significado dos termos "sangue", "casamento", "distância" e "parente" (ou "relacionado") estiver claro, então a aplicação da regra deverá ser clara. Já descrevi os significados desses termos no parentesco americano, e falta apenas mostrar como eles operam na "composição" ou formação de um parente tanto como um construto normativo quanto como uma decisão sobre um indivíduo concreto.

Uma premissa fundamental do sistema de parentesco americano é que o sangue é uma substância e que isso é bastante distinto do tipo de relacionamento, do código de conduta, do padrão de comportamento, do modelo para sentimentos ou da formulação de direitos e deveres que as pessoas que compartilham essa substância, o sangue, supostamente têm. Essa distinção é a mesma distinção entre o relacionamento enquanto substância e o relacionamento enquanto código de conduta. E isso, em outra forma, é encontrado na classificação de parentes por natureza, por afinidade, e os parentes de "sangue", que são parentes tanto por afinidade quanto pela natureza.

Como esses dois elementos são bastante distintos, cada um deles pode ocorrer sozinho ou em combinação, como fica evidente a partir da classificação dos parentes. Por isso, uma pessoa pode basear sua decisão sobre quem contar e quem não contar como parente num dos elementos, ou no outro, ou nos dois, se estiverem presentes. Além disso, o construto normativo de um parente ou de um tipo particular ou categoria de parente também pode ser "composto" de um elemento ou do outro, ou dos dois.

---

imediatamente relevante aqui, já que meu objetivo é descrever as categorias culturais e não analisar como elas efetivamente funcionam. Martin Silverman utilizou a pessoa como uma categoria cultural em sua tese sobre os nativos de Rambi. Eu conheço apenas dois outros autores cujo trabalho é diretamente relevante para meu uso aqui. Um é Clifford Geertz, com "Person, Time and Conduct in Bali: an Essay in Cultural Analysis", *Cultural Report Series*, n. 14. Southeast Asia Studies, Yale University Press, 1966. O outro é Louis Dumont, que trata o indivíduo (ou pessoa) como uma categoria da cultura ocidental em geral. Cf. "The Modern Conception of the Individual: Notes on Its Genesis" e "The Functional Equivalents of the Individual in Caste Society", que aparecem no vol. VIII de *Contributions to Indian Sociology*. Mouton, 1965. Cf. tb. *Homo Hierarchicus*. Paris: Gallimard, 1966.

Entretanto, esses elementos de substância e código de conduta não têm valores iguais, e seus valores diferentes, sozinhos ou em combinação, além da "distância", explicam grande parte da variância no sistema no nível da pessoa, tanto como decisões sobre indivíduos concretos quanto como construtos normativos.

A substância tem o valor mais alto, o código de conduta tem valor menor, mas os dois juntos (ou seja, os parentes "de sangue") têm o maior valor de todos.

Isso significa que, onde quer que qualquer elemento ocorra sozinho, os parentes de maior "distância" serão contados como parentes apenas se houver um elemento substantivo presente, e não se houver apenas o elemento de relacionamento ou código de conduta.

Um outro modo de colocar isso, que será útil, é dizer que se uma pessoa representa um papel de parentesco ou participa de um relacionamento de parentesco (como um código de conduta) sem nenhum elemento substantivo, ou vice-versa, ela pode ou não ser contada como um parente, mas isso terá maior probabilidade de acontecer se apenas a substância estiver presente, e menor se apenas o código de conduta estiver presente; com ambos os elementos presentes, a probabilidade de ela ser contada como um parente será ainda mais alta.

Há aqui um conjunto correlativo de significados que é particularmente importante. Qualquer termo de parentesco – pai, mãe, tio, tia, primo etc. – pode ser utilizado para significar ou o elemento de substância ou o elemento de código de conduta, ou ambos juntos. Portanto, nem sempre é possível inferir, a partir de uma certa utilização, se nessa instância particular está sendo denotada a substância, o código, ou ambos. Não é preciso dizer que esses dois elementos não exaurem, de modo algum, os significados dos termos de parentesco; eles também podem ser utilizados para significar coisas além desses dois elementos, ou diferentes deles.

Citarei agora os depoimentos de dois informantes diferentes que ilustram, de modo muito abreviado, não apenas a possibilidade de separar a substância do código de conduta (ou, como os informantes às vezes falam, o sangue do relacionamento), mas também o modo como essa possibilidade de separação ocorre e seu papel na decisão de "contar" uma pessoa como um parente ou não. (Em ambos os relatos, *I* significa Informante e *A* significa Antropólogo.)

(1)
I: Você quer gente como os pais do meu genro? Não, eu nunca os vejo nem ouço falar deles. Eles não são meus parentes.
A: Você precisa ser próximo de alguém para que ele seja seu parente?
I: Sim. Você usa o relacionamento. Quando ele enfraquece, você não é mais aparentado. Sabe, eu fui ao chá de panela de uma das primas do meu marido. Era para uma noiva prima de primeiro grau. Você só encontra aquelas

pessoas lá. Você as encontra em casamentos ou chás, ou em *bar mitzvahs* ou em funerais. Para essas coisas elas te convidam e eu respondo ao convite. (Ela dá de ombros como se dissesse: "O que poderia ser mais simples?") Você entra e fala com todas elas e metade delas está grávida, então você diz "Que bom que você vai ter um bebê, parabéns por se tornar uma nova mãe", e elas dizem "Mas eu já tenho dois em casa". Então você vê como é.

A: Então essas pessoas são seus parentes?

I: Elas são quando você as encontra desse jeito, mas quando você vai embora, não são mais.

A: Elas não são parentes no período entre casamentos e funerais, mas são durante eles?

I: Isso.

A: E elas já foram seus parentes quando não em coisas como casamentos e funerais e *bar mitzvahs*?

I: Oh, claro, mas agora não são. Sabe, essa história de ser parente de alguém tem a ver com sociabilidade. Elas são primas sociais.

A: Você pode me dar algum tipo de regra para a pessoa ser sua parente?

I: Bom, elas têm que ser sociáveis com você senão não são parentes.

A: Certo, mas algumas das pessoas que você nomeou são relacionadas a você por sangue, não é?

I: Isso, você as pega por acidente. Você não pode fazer nada a respeito disso – e os netos são os piores!

A: Então você tem parentes por acidente. A irmã do seu pai teve filhos, não é?

I: É.

A: Então eles são seus parentes por sangue.

I: Não, eles não são parentes. Eles teriam que ser sociais. Eles já foram antes, agora não são.

A: Alguma de suas primas de primeiro grau tem marido?

I: Sim.

A: Eles são primos seus?

I: Eu nunca os vejo.

A: Os filhos deles são parentes seus?

I: Não, porque eu nunca os vi.

A: As irmãs do seu pai – elas se casaram?

I: Sim.

A: Os maridos delas eram considerados tios?

I: Não, eu nunca os vi.

(2)

A: Bom, aquela tia da sua mãe que você mencionou, XXXX. Você sabe soletrar isso?
I: Não... (A esposa de *I* soletra então o nome corretamente.)
A: Ela tinha uma família?
I: Sim. Eu sei que o marido dela morreu, mas ela tem alguns filhos.
A: Você os considera parentes seus?
I: Eu consideraria se os conhecesse. Eu não lembro nem do nome deles agora. Nós não éramos próximos da tia XXXX.
A: Entendi. Você acha que tem que conhecer a pessoa, ou pelo menos saber o nome dela, para pensar nela como um parente?
I: Sim. Precisa ter alguma personalidade. Senão, se você for longe o bastante, até você e eu seríamos parentes, e aí isso fica fraco demais!
A: A tia de sua mãe, XXXX – você sabe exatamente como ela é relacionada a você?
I: Eu acho que ela é a irmã da mãe da minha mãe, mas eu não tenho certeza! Eu sei que minha mãe é muito atenciosa com ela quando ela está aqui. Tem uma reunião de família... é uma ocasião.

A "distância" é simplesmente a afirmação do parentesco em termos quantitativos. Ou seja, por um lado ela é uma medida do grau em que duas pessoas compartilham substância biogenética, e por outro lado ela é uma afirmação da magnitude de reivindicação de solidariedade duradoura difusa. Se a solidariedade duradoura difusa existe, a distância é a afirmação de "exatamente quanto". Uma relação "próxima" é aquela onde a reivindicação é alta; uma relação "distante" ou "longe" é aquela onde a reivindicação é menor. "Quanto" pode significar tanto a magnitude quanto aquela magnitude expressa por diferenças de tipo. Um tipo pode ser "demais" ou "pouco" para um dado parente. O tipo, portanto, é uma forma de afirmação de magnitude dentro do contexto da distância como uma medida de solidariedade duradoura difusa.

O valor diferente ligado à substância em contraposição ao código de conduta também se aplica na mensuração da distância. Se as pessoas em questão forem parentes de sangue, o grau em que compartilham uma hereditariedade em comum é a primeira medida de distância aplicada a elas; é essa medida que é modificada por outros aspectos da distância, e não o contrário. Se, entretanto, não houver nenhum elemento substantivo, então a distância depende inteiramente do elemento de código de conduta ou relacionamento.

O "casamento" é o relacionamento entre marido e esposa, criado voluntariamente e mantido por consentimento mútuo. Uma pessoa é relacionada a outra "por casamento" quando a outra pessoa é sua cônjuge. Mas "por casamento" também é o termo para a classe de parentes relacionada por afinidade e não por sangue, e representa, portanto, aqueles que são relacionados por esse código de conduta assim como o próprio código de conduta, diferentemente das pessoas. "Casamento" e "por afinidade", então, se sobrepõem em partes de seus significados; quando isso ocorre, eles podem ser utilizados de modo intercambiável. A sobreposição, ou o significado compartilhado, consiste no relacionamento como um código de conduta; ou seja, a solidariedade duradoura difusa realizada voluntariamente e mantida por consentimento mútuo. Um relacionamento de "casamento" ou um relacionamento "por afinidade" existe quando é um relacionamento de solidariedade duradoura difusa. Isso é afirmado, nos votos de casamento, pela frase "... até que a morte nos separe". Um relacionamento de solidariedade duradoura e difusa com a relação sexual como a forma legítima e apropriada de sua expressão é aquele entre marido e esposa. É nesse sentido que o "casamento" se difere de todos os outros relacionamentos "por afinidade".

Essa, então, é a regra com a qual pessoas concretas nomeiam outras pessoas concretas como suas parentes ou não, e de acordo com a qual construtos normativos são formados para parentes em contraposição a pessoas que não são parentes. Para classes particulares de parentes, os construtos normativos meramente adicionam a característica distintiva específica para esse tipo particular de parente, de modo que, por exemplo, o pai e a mãe como parentes são distinguidos pelo fato de que um é o genitor, e a outra a genitriz. Para formar a norma para um marido, toma-se a norma para um parente, que é modificada para excluir a substância biológica compartilhada em algum grau menor do que alguma proporção especificada (o elemento da distância), e o código de conduta é especificado como "o parceiro sexual legítimo do outro cônjuge". Então, com o sistema de diferenciação de papel sexual, adiciona-se a definição de sexo masculino, que distingue o marido da esposa. Outras especificações do construto normativo podem ser retiradas de outros sistemas de símbolos, de modo que o sistema de estratificação pode adicionar as especificações de *status* da classe média de certas formas, enquanto os padrões da residência urbana sulista podem contribuir símbolos desse domínio.

III

Se passarmos agora para algumas generalizações empíricas retiradas diretamente dos materiais de campo, a operação da regra em suas várias formulações poderá ser vista claramente. O material não foi "traduzido" para uma forma consoante com a exposição da seção anterior. Em vez disso, ele permanece como generalizações de primeira ordem, a forma mais imediatamente reconhecível para um observador.

Os materiais nesta seção centram-se na decisão de contar pessoas concretas como parentes. No próximo capítulo, utilizando material sobre parentes por afinidade e termos de parentesco, o foco estará na pessoa como um construto normativo.

Uma das primeiras coisas que qualquer um que trabalhe com genealogias americanas percebe é que o sistema é bastante claro desde que tomemos Ego como o ponto de referência e não nos aventuremos longe dele. Quando nos distanciamos de Ego – em qualquer direção – as coisas ficam cada vez mais indistintas. Essa indistinção de fronteiras, ou esmaecimento, é vista de vários modos diferentes. O mais fundamental, é claro, é o fato de não existir um limite formal, claro e categórico do escopo de parentes. Ou, colocando de outro modo, a decisão de contar ou não uma pessoa em particular como um parente não é dada em nenhum sentido categórico simples. Não se pode dizer que todos os primos de segundo grau são parentes, mas os de terceiro grau não são. Um americano pode, se desejar, contar um primo de terceiro grau como um parente, enquanto pode haver um primo de segundo grau vivo, mas desconhecido, ou mesmo conhecido, que não é considerado um parente.

O esmaecimento também é visto na incerteza crescente quanto a nomes, idades, ocupações e locais de residência quanto mais distantes os parentes ficam de Ego.

Há um modo particularmente interessante de expressão da indistinção de fronteiras; o Parente Famoso. Durante o decorrer do trabalho de campo, não foi incomum encontrarmos a afirmação de que Fulano de Tal, um personagem famoso, era um parente. Às vezes era possível traçar a relação, às vezes não. Quando ela podia ser traçada, via-se claramente que ele era o único parente de tal distância na genealogia, enquanto parentes mais próximos eram desconhecidos[2].

Uma outra observação que faz parte deste quadro é aquilo que chamei de "efeito árvore de Natal". As genealogias americanas, frequentemente, não vão além de três ou quatro gerações; elas assumem a forma de uma árvore de Natal ou pirâmide achatada. No topo, encontramos frequentemente o Ancestral, às vezes na forma de um casal, como a estrela em uma árvore de Natal. Quando as gerações se aproximam de Ego, cada conjunto de parentes fica maior de algum modo, de forma que a coisa toda parece estar sobre uma base muito firme e larga. Mas se examinarmos com atenção por baixo da base, poderemos ver o tronco da árvore de Natal; a linha de Ego, seus filhos e netos, que continuam a se distanciar de Ego geração por geração. O Ancestral pode ou não ter tido irmãos, mas, se teve, eles ou não são mencionados ou foram esquecidos. Os conjuntos de parentes dos filhos do Ancestral são maiores, enquanto os conjuntos de parentes e as

---

2. Compare com YOUNG, M. & GEERTZ, H. "Old Age in London and San Francisco: Some Families Compared". *British Journal of Sociology*, XII, 1961, p. 124-141.

linhas colaterais dos primos dão à geração zero uma dilatação colateral considerável de primos e irmãos.

A árvore de Natal achatada consiste numa rede de parentes de sangue. Essa rede consanguínea é adornada com cônjuges, como as decorações numa árvore de Natal. Mas os cônjuges de adorno apenas ocasionalmente têm irmãos ou pais, e os pais ocasionais de cônjuges apenas raramente têm irmãos.

Podemos criar uma genealogia por um modo completamente sem direção se pedirmos apenas uma lista de parentes e então perguntarmos se existe mais alguém. Ou podemos criar uma genealogia muito sistemática sondando com especificidade completa, do tipo: "E ele tem algum irmão? irmã? mãe? pai? filhos? filhas? esposa? (ou marido)". No primeiro caso, a árvore fica bastante acanhada. No segundo, a árvore fica bem frondosa e normalmente adicionamos um terço a mais de pessoas à genealogia. Entretanto, a forma básica permanece a mesma, porque os informantes não se lembram se o bisavô tinha irmãos ou irmãs; se tinha, com quem se casaram; e se casaram, quantos filhos tiveram. Em relação à esposa do bisavô, quando ela é lembrada, os informantes imaginam que ela deve ter tido um pai ou uma mãe, mas não sabem os nomes deles, nem se teve irmãos ou irmãs, nem quais teriam sido seus nomes.

Há dois pontos importantes sobre o efeito árvore de Natal nas genealogias americanas. O primeiro é que elas são pirâmides de alcance maior ou menor, mas incluem muito menos parentes do que a definição de um parente como qualquer um relacionado por sangue ou casamento nos levaria a esperar.

O segundo ponto é que elas são redes fundamentalmente consanguíneas às quais cônjuges são adicionados. Parentes por afinidade não são comuns; na verdade, eles são notáveis por sua ausência. Nas genealogias, os informantes normalmente listam seu próprio cônjuge e os cônjuges de seus parentes de sangue, mas não é comum que listem espontaneamente os pais ou irmãos de qualquer cônjuge que mencionem, e muitas vezes nem os pais ou irmãos de seu próprio cônjuge. Houve algumas exceções. Em um caso extremo, um homem listou o irmão e irmãs do marido da irmã de sua mãe e seus maridos e esposa e filhos. Esses foram os únicos irmãos e irmãs dos cônjuges de parentes de sangue que ele listou espontaneamente, apesar de depois descobrirmos que ele conhecia outros e poderia facilmente nomeá-los. Quando questionado se ele os considerava seus parentes, ele afirmou que sim.

Há outro ponto de certa relevância ligado a esse. Das duas formas teoricamente possíveis de aumentar o número de parentes ligados ativamente a uma rede em particular, são aqueles relacionados por casamento que constituem uma fonte grande de números adicionais, e não a dilatação mais ampla que seria obtida aumentando a distância temporal e então as linhas colaterais mais distantes. O tamanho das redes, nos Estados Unidos, tende a ser incrementado pela adição dos parentes consanguíneos de cônjuges e não pelo aumento do número das linhas colaterais mais distantes de parentes consanguíneos.

Ainda assim, quando a situação permite, a rede pode ser aberta de modo realmente bastante amplo, como os clubes de primos e círculos familiares relatados por Mitchell[3] demonstram. Quando a rede é aberta desse modo, encontramos mais uma vez uma escolha entre tipos de ligações – assim, algumas organizações exigem uma conexão de sangue através de um ancestral fundador, enquanto outras permitem a adição de membros *através* de cônjuges, além de simplesmente adicionar os cônjuges.

A decisão sobre quem é um parente é feita por uma pessoa, e sobre outra pessoa. Às vezes a decisão que uma pessoa toma sobre outra pessoa é comum e costumeira, e os informantes concordam que é a decisão "certa". Mas às vezes, apesar da decisão "fazer sentido" para os informantes, alguns podem considerá-la excêntrica ou mesmo "errada". Tais decisões, certas ou erradas, são ainda assim esclarecedoras porque revelam os elementos cruciais envolvidos aqui.

Os mortos são um bom exemplo.

A única pergunta padronizada feita para os informantes de Chicago foi a primeira pergunta da primeira entrevista. Ela era: "Liste para mim todas as pessoas que você considera como seus parentes".

Todos os informantes começavam a listar pessoas, mas alguns deles interrompiam repentinamente a recitação com a pergunta: "Você também quer os mortos?" Ou eles diziam: "E os que já morreram?" Ou: "Isso é tudo, tirando os mortos, é claro..." Mas com quase todos os informantes sempre havia algo especial sobre os mortos, alguma observação, algum comentário, e, quase invariavelmente, se a pessoa sendo listada estava morta, esse fato era enunciado espontaneamente. Além disso, parecia haver uma tendência clara de omitir completamente os mortos nas fases mais iniciais da coleção da genealogia, e eles só vinham à tona durante investigações posteriores, muitas vezes numa outra conexão.

Um outro exemplo são as categorias utilizadas para descrever a área indeterminada e esmaecida que contém os parentes distantes. Uma delas é o termo "parentes de fralda de camisa", outra "parentes de velórios-e-casamentos" e a terceira é "parentes de beijo" ou "primos de beijo". Parentes de velórios-e-casamentos são definidos facilmente – eles são, como poderíamos esperar, parentes vistos apenas em velórios e casamentos. Normalmente não há contato direto, nem mesmo contato indireto, e alguns informantes os descrevem como "parentes de parentes". Os informantes às vezes associam o termo com católicos, pois, em

---

3. MITCHELL, W.E. "Descent Groups Among the New York City Jews". *Jewish Journal of Sociology*, 3, 1961, p. 121-128.

sua perspectiva, velórios são uma prática primariamente católica. Os parentes de fralda de camisa são basicamente a mesma coisa, exceto que em vez de especificar onde certos parentes são vistos (velórios e casamentos), eles são descritos como "trazidos pela fralda de camisa de alguém"; ou seja, eles são vistos como relacionados através de intermediários, e sua principal importância é serem parentes de parentes. Os termos "parentes de beijo" ou "primos de beijo" são considerados primariamente do Sul, apesar de muitos informantes de Chicago conhecerem os termos, ainda que eles mesmos não os utilizem. Aqui, o beijo é o sinal de que, não importa a distância, essas pessoas ainda assim são parentes e, portanto, têm direito ao sinal de ser um parente, o beijo[4].

Um outro exemplo já foi mencionado, o Parente Famoso (cf. p. 79).

Dois exemplos das decisões compreensíveis, mas talvez excêntricas, sobre quem deve ser contado como um parente são os seguintes: uma mulher afirmou com firmeza que sua irmã não era uma parente porque ela não a tinha visto nem falado com ela por alguns anos. Eu não tinha muita confiança nessa informante, e em outras ocasiões já havia sido difícil lidar com ela. Como essa afirmação parecia conflitar claramente com o fato de que um parente de sangue sempre permanece sendo um parente de sangue, eu, inicialmente, considerei sua afirmação absurda e a descartei. Obviamente, eu estava errado ao fazer isso.

Uma jovem universitária levantou o problema oposto: ela afirmou, e não podia ser dissuadida dessa afirmação, que sua colega de quarto era uma parente mesmo não havendo nenhuma conexão de sangue nem de casamento entre elas.

Por que os mortos constituem um problema? Ao discutir a pergunta de se é possível extinguir um relacionamento de sangue, alguns informantes disseram que isso era sim possível de acontecer. Alguns informante judeus descreveram uma cerimônia de luto modificada que poderia ser realizada, de acordo com certas prescrições religiosas e ritualísticas, por um pai para extinguir seu relacionamento com um filho. Esse ritual poderia ser realizado apenas por um pai, não por um filho. Assim, disseram esses informantes, realmente é possível existir um ex-filho do mesmo modo como pode haver um ex-marido. O fato de esse ritual ser realizado muito raramente não faz diferença. Para informantes que não eram judeus, a mesma situação poderia existir, mas sem nenhuma ambientação ritual nem religiosa. Um pai pode simplesmente extinguir seu relacionamento com o filho, e agir como se o filho estivesse morto – sem nunca mais vê-lo, nem falar com ele ou sobre ele. Nesse caso, a iniciativa poderia ser tomada pelo filho – já

---

4. Alguns informantes dizem que o termo também é utilizado num outro sentido, obviamente bastante relacionado. Se uma pessoa é vista com um estranho numa posição comprometedora – talvez eles sejam vistos se beijando – pode-se oferecer a explicação de que o outro é um primo de beijo. Ou seja, ainda que ele não seja reconhecido como um parente pelo observador, o beijo é explicado como sendo de parentesco, e não deve ser interpretado de outra forma.

que não há nenhum rito formal – e o filho pode sair de casa e nunca mais falar com o pai, agindo como se este estivesse morto.

Quando um pai judeu realiza uma cerimônia de luto para um filho vivo (ou morto), o que se extingue é o *relacionamento* entre eles, mas o filho, enquanto filho, não é "devolvido" nem transformado em algo que nunca existiu. O pai judeu, transtornado a ponto de ter que realizar uma cerimônia de luto para um filho, se torna objeto de piedade e simpatia especiais, pois a maior tragédia de todas aconteceu com ele – seu filho, que não precisava ter morrido, deve ser agora tratado como morto! Esse pai perdeu um filho. Mas ele *teve* um filho, e o filho está "lá", e lá permanece.

Agora talvez esteja óbvio o porquê dos informantes que listam parentes pararem e darem aos mortos um lugar especial: "Você quer que eu liste os mortos também?" – pois a morte extingue um relacionamento, mas não desfaz ou apaga o que é e era um fato. Uma pessoa morta ainda é pessoa o bastante para estar localizada numa genealogia; é pessoa o bastante para ser contada como ascendente ou descendente; é pessoa o bastante para ser lembrada se houver alguma razão para isso. O casamento é "...até que a morte nos separe". A *pessoa* era e é; o *relacionamento* não existe mais. Daí o estatuto incompleto que é implicado pela pergunta: "Você quer os mortos também?" Um antropólogo que pergunte educadamente: "Bem, o que você acha? Você os conta como parentes?" recebe vários tipos de resposta. "Oh, sim, é claro" ou "Bom, sim, acho que sim. Mas já faz tanto tempo..." ou "Não, na verdade não".

A senhora que disse que sua irmã não era uma parente porque ela não a tinha visto há muito tempo estava dizendo a mesma coisa. Ela não tinha mais um relacionamento com sua irmã, e, nesse sentido, a irmã não cumpria um dos critérios definidores de um parente. Para essa mulher, o critério mais importante era exatamente o mesmo do caso da outra jovem, que valorizava o relacionamento acima de tudo e, portanto, concedia um estatuto de parente para sua colega de quarto, mesmo que esta não tivesse nenhuma outra qualificação.

O Parente Famoso é importante porque ele se destaca claramente contra um panorama impreciso de parentes desaparecidos. A conexão de sangue pode ser traçada até ele, ou pelo menos pode ser suposta. Mas nenhum relacionamento pode ser mantido. Como não se mantém nenhum relacionamento com parentes de distância genealógica até mais próxima, eles são completamente, ou quase, esquecidos. Seus nomes são esquecidos, o nome de seus cônjuges, onde eles moram, qual é sua profissão. Simplesmente, eles não são lembrados porque não há um bom motivo para lembrar-se deles. Mas o Parente Famoso é lembrado – não porque ele seja um parente, mas porque sua fama faz com que ele ser um parente tenha um certo valor.

Parentes de fralda de camisa, de velórios-e-casamentos, e primos de beijo estão tão distantes que não há nenhuma clareza. Se alguém disser que qualquer um relacionado por sangue ou casamento é um parente, então eles são parentes. Mas se alguém disser que um parente é alguém com quem existe um relacionamento, então é difícil contá-los, pois eles são vistos tão raramente, e mesmo então apenas em ocasiões formais, cerimoniais ou especiais – e a próxima ocasião pode ou não aparecer novamente.

Para resumir, existe uma tendência de esquecer colaterais distantes e ascendentes distantes, mas a fronteira tanto no passado quanto no presente é imprecisa, e existem áreas intersticiais que ficam tão desvanecidas em algum momento a ponto de quase não serem visíveis. Os ascendentes distantes estão mortos e não existe nenhum relacionamento com eles. Sem um relacionamento, não pode haver nenhuma razão para mantê-los... a não ser, é claro, que eles sejam famosos, e nesse caso eles podem ser lembrados mesmo que seus descendentes por linhas colaterais, sem a fama, sejam desconhecidos. Os colaterais distantes "estão longe demais". Eles se tornam parentes de fralda de camisa, de velórios-e-casamentos e primos de beijo se forem conhecidos, ou podem ser um dos principais conjuntos do grande piquenique ou reunião de verão da família.

Os americanos dizem explicitamente que parentes são pessoas relacionadas por sangue ou por casamento. Mas, quando se trata de nomear e descrever pessoas concretas, a pergunta crucial é se existe ou não um relacionamento.

Então o que determina se um relacionamento existe ou não? Por que existe um relacionamento com uma pessoa, mas não com outra numa genealogia dada?

A razão que os americanos dão é que uma está "próxima" e a outra está "longe demais".

A distância, então, seria o fator decisivo, se um relacionamento de sangue ou casamento puder ser traçado entre Ego e alguma outra pessoa.

Mas o que é a distância?

A distância significa três coisas no parentesco americano. Um significado é a simples distância física; ou seja, significa morar na mesma casa, ou o número de quilômetros entre as casas, ou as horas necessárias para viajar de um lugar para outro. Portanto, escutamos frases como: "Nós nunca os vemos. Eles estão longe demais". "Longe demais?" "Sim, leva quase uma hora para chegar lá".

Um segundo significado da distância é uma composição complexa daquilo que poderia ser chamado de distância socioemocional. Isso, por sua vez, pode significar qualquer coisa, desde um sentimento místico de identidade ou diferença, um sentimento de carinho e compreensão emocional – ou a falta disso – até o fato de que certos símbolos de prestígio importantes são ou semelhantes (portanto, próximos) ou diferentes (portanto, distantes). Assim, pode-se dizer: "Nós nunca os vemos. Eles estão bem longe. Aquela parte da cidade desceu a ladeira nos últimos anos e nós não temos mais muito em comum com eles". Um outro informante colocou a questão desta forma: "...ninguém mais tem muito a ver com eles. É uma questão do tipo de vida e de educação – quase ninguém na família dela e de Harry estudou em universidades, coisas assim".

O terceiro significado de distância pode ser chamado de distância genealógica. Isso pode ser medido com uma certa precisão através da contagem de quantas categorias de parentes interpostas existem, ou quantas gerações é preciso contar até encontrar um ancestral em comum. Por exemplo, pode-se dizer: "Eles são parentes bastante distantes. O irmão do meu bisavô teve um filho, e esse filho teve um filho – esse é um relacionamento bastante distante, não é?"

Esses três significados diferentes de distância não precisam ser aplicados do mesmo modo ou ao mesmo tempo. Uma pessoa genealogicamente próxima pode estar fisicamente distante e ser neutra na dimensão socioemocional. Ou uma pessoa pode estar próxima socioemocional e fisicamente, mas distante genealogicamente.

Se o Ego for o ponto de referência, e fizermos a pergunta direta sobre se, na vida real, esta ou aquela pessoa é ou não um parente, então mãe, pai, irmão, irmã, filho e filha, além de marido e esposa, são todos parentes genealogicamente próximos e estão próximos socioemocionalmente mesmo se estiverem fisicamente distantes. Tio, tia, sobrinho, sobrinha, avô, avó, neto, neta, primo e prima também são parentes genealogicamente próximos e são contados como parentes se estiverem vivos, mesmo se o relacionamento for tão fraco a ponto de mal ser perceptível.

Mas se partirmos de Ego e chegarmos aos primos de segundo ou terceiro grau, muitas possibilidades se apresentam. Ego pode dizer que conta essas pessoas como parentes simplesmente porque estão relacionadas por sangue. Ou ele pode dizer de modo igualmente apropriado que eles são distantes demais, na verdade tão distantes que ele não sabe nem como contá-los. Ele pode então perguntar: "O que é um primo de segundo grau, afinal? E o que é que 'grau' significa?" Ou ele pode afirmar que qualquer um além de primeiro grau não é seu parente, já que ele não conta além de primos de primeiro grau[5]. Mesmo que ele os reivindique como parentes devido à relação de sangue, ele pode não manter laços interpessoais com eles e, portanto, pode dizer que "não os conta realmente como parentes". Ou, se ele não estiver disposto a chegar ao ponto de *não* contá-los como parentes para, talvez, não ferir seus sentimentos, ele pode designá-los para aquele limbo chamado de parentes de velórios-e-casamentos, de fralda de camisa ou primos de beijos.

---

5. Há três modos de contar primos. O primeiro é não contá-los. O segundo combina graus de distância colateral com a distância de gerações, de modo que o filho do irmão do pai do meu pai é meu primo de primeiro grau com uma geração de distância. O terceiro soma os graus de distância colateral e de gerações, de modo que o filho do irmão do pai do meu pai é meu primo de segundo grau, sem utilizar o termo "geração de distância" (*"once removed"*). Eu não encontrei nenhum outro modo de contar primos além desses três. (No Brasil, o segundo modo citado pelo autor é inexistente [N.T.].)

Por uma definição, não há opção: aqueles relacionados por sangue ou casamento são parentes. Mas, na verdade, a decisão sobre quem é um parente é tomada em bases que não são de modo algum puramente questões de parentesco. O número de quilômetros entre casas ou o número de horas necessárias para ir de um lugar para outro não são, por si só, questões de parentesco. E elas também não representam o parentesco no sentido de usar a distância física para expressar a distância genealógica. A distância física *poderia* representar a distância genealógica, mas esse não é o caso na cultura americana. Ela representa a distância socioemocional. Não é educado dizer que outras pessoas estão abaixo de nós socialmente, por isso diz-se que elas moram longe demais, ou então elas são carimbadas com o nível do bairro onde moram. Do mesmo modo, nem sempre é fácil explicar que parentes nossos são socialmente superiores, e então se pode dizer, diplomaticamente, que atravessar a cidade, essa distância toda, só para vê-los é uma viagem terrível. Mas isso não é distância genealógica.

Uma de nossas informantes explicou que sabia que o irmão de seu avô teve três filhos. Dois deles eram fazendeiros em Nebraska e ela não sabia seus nomes, se eles eram casados ou se tinham filhos. Mas ela disse que o terceiro filho se tornou um advogado e foi para Washington, D.C., onde se casou e teve dois filhos e uma filha. Ela disse que a garota tinha a idade dela. Os dois garotos se chamavam Robert e John, e a garota, Mary. Sim, ela os considera parentes seus. Eles são relacionados por sangue, não são? – ela perguntou. Então por que ela sabia tudo sobre um dos irmãos, mas nada sobre os outros dois? Ela não conseguiu responder a essa pergunta.

Outro informante colocou a questão de modo ainda mais simples, dizendo:

– Francamente, eu prefiro não estar relacionado a eles. Ele é um rato de rio[6] e ela é uma caipira, e eles têm cinco filhos para provar isso. Não que eu esteja dizendo que é preciso ser rico e bem-sucedido para ser considerado um parente, mas, meu Deus...

Resumindo, a fronteira imprecisa, o Parente Famoso, a noção ambígua de distância, e assim por diante, são todos fenômenos do parentesco americano derivados em parte do fato de que, em um nível, o parente é uma pessoa e a pessoa do parente é composta por elementos de vários domínios diferentes, e o parentesco é apenas um deles. Portanto, contar uma pessoa como parente ou não depende de como a regra geral – uma pessoa é um parente se for relacionada por sangue ou casamento – é aplicada. Já que a decisão sobre quem é e quem não é um parente é feita por uma pessoa sobre outra pessoa, e já que a regra que governa quem é ou não um parente é tão precisamente ambígua, a aplicação da regra leva exatamente a regularidades empíricas do tipo que analisei aqui – a uma frontei-

---

6. "*River rat*", termo pejorativo para habitantes pobres das margens do Rio Mississipi [N.T.].

ra muito imprecisa das genealogias; a inconsistências lógicas aparentes como a manipulação maravilhosa dos significados diferentes de palavras como "relacionamento" e "distância"; e à ambiguidade peculiar que marca os mortos – aqueles parentes sem relacionamentos.

5
Parentes por afinidade e termos de parentesco

I

No último capítulo, tentei mostrar que, na cultura americana, o parente tem dois significados distintos, mas articulados. Primeiro, existem as características distintivas que definem a pessoa como um parente. Segundo, o parente enquanto uma pessoa é construído a partir de mais do que apenas as características distintivas retiradas do sistema simbólico do parentesco, e inclui elementos do sistema de papéis etários, de papéis sexuais, de estratificação, e assim por diante.

Mas o parente enquanto uma pessoa tem, por sua vez, dois significados distintos, mas articulados. Por um lado, o parente enquanto uma pessoa é um construto concreto por se referir à pessoa como um ser humano vivo, um indivíduo real. Por outro lado, o parente enquanto uma pessoa é um construto normativo, um construto que consiste em orientações e padrões normativos em cujos termos o comportamento deve proceder. No último capítulo, demonstrei como a regra para construir um parente funciona quando ela opera no nível de decisões sobre indivíduos concretos. Ou seja, demonstrei como ela funciona para incluir certos indivíduos concretos e excluir outros e como, em suas várias formulações, Ego tem escolhas que pode fazer e que são, essencialmente, sua opção sobre que pessoas particulares contar como parentes.

Neste capítulo eu me volto para a descrição de como a regra funciona no nível do parente enquanto um construto normativo. Aqui, por exemplo, não importa tanto a questão de se o Tio Bill é ou não contado pelo informante John Jones como um parente. Em vez disso, o que importa é a questão do padrão normativo que John Jones e outros americanos utilizam como um guia para chegar a decisões sobre o Tio Bill e todas as outras pessoas que podem ser consideradas parentes. É, portanto, a pergunta: O que é um tio? Será que o marido da irmã da mãe pode ser um tio? Se sim, que tipo de tio? Se não, por que não?

Confinei a discussão a parentes por afinidade por duas razões. A primeira é que será muito mais útil para o leitor ter uma categoria de parentes analisada cuidadosamente numa certa profundidade em vez de ter alguns exemplos superficiais tirados daqui e dali.

A segunda razão para selecionar parentes por afinidade para esta exposição em particular é que essa categoria apresenta muitos problemas diferentes, mas fundamentais.

Portanto, procederei mais uma vez relatando generalizações empíricas de primeira ordem a partir de materiais coletados no campo. É nessa forma que qualquer estudante do parentesco americano os encontra, e eles se apresentam como problemáticos precisamente porque não fazem sentido imediata e evidentemente. Contradições aparentes, ambiguidades e inconsistências marcam esses materiais.

As seções I e II deste capítulo apresentam esse material empírico de primeira ordem. As seções III a VII constituem não apenas uma análise desse material, mas incluem a introdução, quando for relevante, de material empírico adicional. Portanto, as seções III a VII não devem ser consideradas simplesmente analíticas, pois passos cruciais da análise só são possíveis sob a luz do material empírico que será, então, apresentado nesse momento.

O contraste entre parentes por sangue e parentes por casamento é colocado muito claramente no parentesco americano. Apesar de "parente" ser utilizado para incluir tanto parentes por sangue quanto por afinidade, ele também é utilizado num sentido mais limitado, específico ou marcado para significar parentes apenas por sangue, em oposição a parentes por afinidade. Quando questionados, os americanos podem dizer, com propriedade, que seu marido ou esposa não é um parente, mas alguém relacionado por casamento ou afinidade.

No começo, a questão parece clara o bastante. Há duas classes distintas de parentes por casamento; cada uma relacionada de modo diferente. A primeira, é claro, é o marido ou esposa do próprio Ego. Esses parentes são distinguidos por termos de parentesco básicos. A segunda classe consiste na mãe, pai, irmão e irmã do cônjuge de Ego, além dos cônjuges do irmão, irmã, filho ou filha de Ego. Todos eles recebem termos derivados e o modificador *in-law* (cf. Tabela II).

Tabela II *"In Laws"* ou parentes por casamento

Classe	Exemplo[1]	Termo de parentesco
1 Próprio cônjuge	Hu, Wi	Marido, esposa
2 (a) Parentes de sangue mais próximos do próprio cônjuge	SpMo, SpFa, SpBr, SpSi	Sogra, sogro, cunhado etc.
(b) Cônjuge dos parentes de sangue mais próximos de Ego	SoSp, DaSp, BrSp, SiSp, FaWi, MoHu	Nora, genro etc. Madrasta, padrasto
3 (a) Outros parentes do próprio cônjuge (exceto aqueles em 2a)	SpMoBr, SpMoBrWi, SpFaMo, SpFaBrSo, SpFaBrSoWi etc.	?
(b) Filhos dos irmãos do cônjuge	SpSiSo, SpSiDa, SpBrSo, SpBrDa	Sobrinho, sobrinha
4 (a) Cônjuges de qualquer parente de sangue de Ego (exceto 2b e 4b)	Cônjuge de consanguíneo, FaBrSoWi, FaSiDaHu, SoSoWi, SoDaHu etc.	?
(b) Cônjuge de tio e tia	MoBrWi, FaBrWi, MoSiHu, FaSiHu	Tio, tia
5 (a) & (b) Parentes dos cônjuges dos parentes de sangue de Ego	MoBrWiBr & Si, MoSiHuBr & Si, FaFaBrWiSi & Br	?

Alguns informantes dizem que, estritamente falando, os parentes por afinidade são os parentes de sangue mais próximos do cônjuge; ou seja, sogra, sogro, cunhado e cunhada. Esses informantes dizem que, apesar de eu ser um parente por afinidade da esposa do meu filho ou do marido de minha filha, eles não são precisamente meus parentes por afinidade, apesar de serem, é claro, nora e genro.

Mas "por afinidade" também é utilizado para qualquer um relacionado de qualquer modo por qualquer casamento. Assim, apesar do irmão da esposa

---

[1]. Estes exemplos seguem a codificação e abreviações inglesas para termos de parentesco que não existe em português, já que nossos termos compartilham radicais. Eis um guia rápido para a compreensão: *Hu*: marido; *Wi*: esposa; *Sp*: *step-*; *Mo*: mãe; *Fa*: pai; *Br*: irmão; *Si*: irmã; *So*: filho; *Da*: filha [N.T.].

de um homem ser cunhado dele, o marido da irmã de sua esposa não o é, e a esposa do irmão de sua esposa não é cunhada dele. Mas os informantes dizem pensar que um marido da irmã da esposa ou uma esposa do irmão da esposa são relacionados "por casamento" e que são "um parente por afinidade de algum tipo". E a frase "por casamento" pode ser combinada com qualquer um dos termos básicos de parentesco, de modo que podemos ouvir falar de um "sobrinho por casamento" ou um "primo por casamento" etc.

Ainda há um outro uso de "por afinidade" ("*in-laws*"); como um tipo de designação coletiva para qualquer um conectado de qualquer forma através do cônjuge. As pessoas podem ter o que descrevem como "problemas do lado da esposa" ("*in-law troubles*") e podem, portanto, designar seus parentes "por afinidade" como "sem afinidade" ("*outlaws*")[2], ou podem ser obrigados a passar o Natal ou o Dia de Ação de Graças com seus parentes "por afinidade". Um inventário de quem está incluído nessa designação coletiva poderia incluir pessoas com quem apenas o relacionamento mais vago – se existir um relacionamento – poderia ser traçado. Mas a designação faz um certo sentido já que o laço de Ego com eles é através de seu cônjuge e, portanto, é "por afinidade", qualquer que seja a natureza precisa de sua ligação com o cônjuge de Ego.

Finalmente, "por afinidade" ou "por casamento" também são utilizados por alguns informantes para qualquer um que seja relacionado com o cônjuge de algum parente de sangue de Ego. Assim, a mãe, pai, irmão e irmã do marido da irmã do pai de uma pessoa, assim como a esposa do irmão e o marido da irmã podem ser descritos como relacionados "por casamento" ou "por afinidade".

Existem pelo menos as seguintes classes distinguíveis que podem ser, e às vezes são, designadas como "por afinidade" e "relacionadas por casamento" por alguns informantes (cf. Tabela II). Primeiro, temos o próprio cônjuge de Ego, para quem existe um termo básico de parentesco, marido e esposa. Segundo, temos os parentes de sangue mais próximos do cônjuge de Ego e os cônjuges dos parentes de sangue mais próximos de Ego; a saber, sogra, sogro, cunhado, cunhada, genro e nora. Todos eles têm termos derivados de parentesco[3]. Terceiro, temos aqueles que são parentes do cônjuge que não estão notados acima. Estes seriam, por exemplo, o irmão da mãe do cônjuge e sua esposa. Com a exceção do filho e filha do irmão ou irmã do cônjuge, "sobrinho" e "sobrinha", os informantes não chegam a um acordo sobre os termos de parentesco apropriados para eles, se é que existe um. Quarto, temos aqueles que são os cônjuges de qualquer parente remanescente de Ego; ou seja, todos exceto o marido da filha e a esposa do filho.

---

2. Há aqui um trocadilho intraduzível, já que "*outlaw*", colocado aqui como oposição a "*in-law*", significa também, de modo mais geral, "fora da lei" no sentido de criminosos [N.T.].

3. Cf. a nota 4 do cap. 2 para a explicação da tradução de termos derivados [N.T.].

Sobre estes, os informantes concordam apenas quanto ao marido da tia e a esposa do tio, que recebem os termos de parentesco "tio" e "tia", respectivamente. Eles são os recíprocos de sobrinho e sobrinha na terceira classe acima. A quinta classe consiste nos parentes dos cônjuges dos parentes de sangue de Ego: a mãe e o pai do cônjuge do filho ou da filha, por exemplo, ou o irmão e irmã da esposa do irmão da mãe e sua esposa e marido. Os informantes não oferecem nenhum termo de parentesco específico para eles, ou, quando o fazem, não chegam a um acordo quanto aos termos corretos ou apropriados.

As ambiguidades dos termos "por afinidade" e "por casamento" começam a aparecer quando consideramos o fato de que é possível haver modos diferentes de traçar conexões "por casamento" e que o próprio termo não parece exigir que um modo seja escolhido em lugar de outro. Além do mais, termos de parentesco são aplicados a certas pessoas, de modo que parecem sugerir que eles são exemplos do significado desse termo e que, portanto, podem ser considerados guias para seu uso apropriado.

As dificuldades começam a partir do fato de que a esposa de um filho e o marido de uma filha são "nora" (*"daughter-in-law"*) e "genro" (*"son-in-law"*), mas a esposa do tio e o marido da tia não recebem nenhum modificador *"in-law"*. Eles são, dizem os informantes, "tia" e "tio", e não são distinguidos dos parentes de sangue por esses termos de parentesco. "Tia" pode ser a irmã do pai, esposa do irmão do pai, irmã da mãe ou esposa do irmão da mãe. "Tio" pode ser irmão do pai, marido da irmã do pai, irmão da mãe ou marido da irmã da mãe.

Se a esposa de um filho é uma "nora" e a esposa de um tio é uma "tia", então o que é a esposa de um primo? Pelo exemplo da "nora", ela poderia ser uma "prima-por-afinidade" (*"cousin-in-law"*), mas esse termo não é utilizado com muita frequência. Pelo exemplo da "tia", ela poderia ser uma "prima", e algumas pessoas realmente as chamam de "prima", mas muitos dizem que não existe um termo de parentesco para o cônjuge de um primo. Entre aqueles que dizem que não existe um termo apropriado de parentesco para o cônjuge de um primo, alguns dizem que eles não são parentes, enquanto outros dizem que eles são parentes por casamento, mas sem nomes especiais.

O que acontece então com "sobrinho" e "sobrinha"? Por um lado, já que "sobrinho" e "sobrinha" são recíprocos de "tio" e "tia", esses termos incluem tanto o filho ou filha de um irmão ou irmã quanto o filho ou filha do irmão ou irmã do cônjuge, classificando portanto os parentes de sangue junto aos de casamento, como ocorre no caso de "tio" e "tia". Por outro lado, como no caso de "primo", diz-se muitas vezes que o cônjuge de um sobrinho ou sobrinha não tem um termo de parentesco. Às vezes escutamos a frase "sobrinho(a) por casamento" para alguns ou todos esses casos. Aqui ela é ainda mais problemática, já que o sobrinho ou sobrinha pode ser (a) um filho de um irmão ou irmã ou (b) um filho de um irmão ou irmã do cônjuge. O cônjuge de um filho de um irmão ou irmã é como o cônjuge de um primo; alguns informantes dizem que eles são "sobrinho" e "sobrinha", e alguns dizem que não existe um termo para eles. O cônjuge do filho de um irmão ou irmã do cônjuge é considerado um parente por afinidade por alguns informantes, mas não por todos, e entre aqueles que os consideram parentes por casamento, apenas alguns afirmam que sobrinho e sobrinha são os termos de parentesco apropriados.

A morte, o divórcio e um segundo casamento criam problemas especiais que complicam mais as coisas. Aqui, mais uma vez, o problema do tio ou tia casado com um parente de sangue pode ser uma fonte de alguma incerteza.

Parece razoavelmente claro para muitos informantes que o marido de uma tia ou a esposa de um tio são tio e tia, respectivamente, apenas enquanto forem casados. Isso se segue do fato de que eles são tio e tia apenas porque são o marido de uma tia ou a esposa de um tio. Quando eles não estão mais relacionados por casamento, ou seja, quando o casamento termina seja por morte ou por divórcio, então eles não estão mais relacionados e, portanto, não são mais tio ou tia.

Ainda assim, alguns informantes dizem que se uma pessoa desenvolveu um relacionamento especial com um marido de uma tia ou uma esposa de um tio, ou gosta muito deles, então, mesmo se o casamento terminar, isso não significará que eles não são mais tio e tia. Eles continuam a ser tio e tia devido ao relacionamento de Ego diretamente com eles. Por isso, dizem esses informantes, se a tia se casar novamente, seu segundo marido não é tio deles porque eles já têm um tio! A mesma situação ocorreria se o tio morresse e a tia se casasse novamente. Para alguns informantes, um tio é um tio quando existe um relacionamento especial diretamente com ele, e o mesmo ocorre para uma tia[4].

Ao discutir esse problema com crianças, ocasionalmente emerge uma visão diferente. Algumas crianças dizem que se um marido de uma tia ou uma esposa de um tio morre ou se divorcia, eles ainda assim permanecem sendo tio e tia, respectivamente, e seus sucessores não se tornam tio e tia. A razão dada é que mesmo que o tio e a tia estivessem relacionados primeiro pelo casamento, eles ainda

---

4. Cf. GOODENOUGH, W.H. "Yankee Kinship Terminology: A Problem in Componential Analysis". In: HAMMEL, E.A. (ed.). "Formal Semantic Analysis". *American Anthropologist*, 67 (5), 1965, Parte 2, p. 267: "Um segundo marido de uma irmã do pai ou de uma filha do pai do pai é menos seguramente *meu tio* que o primeiro marido se Ego já tiver estabelecido um relacionamento com o primeiro marido como *meu tio*" e ele diz a mesma coisa para "minha tia". É interessante que Goodenough não fez nada com essa informação crucial. Ele não resolveu a questão de o que significa "menos seguramente" nem tentou formular a questão importante da significância da frase "um relacionamento". Eu notei esse ponto em minha crítica de seu artigo, SCHNEIDER, D.M. "American Kin Terms and Terms for Kinsmen: A Critique of Goodenough's Componential Analysis of Yankee Kinship Terminology". In: HAMMEL, E.A. (ed.). "Formal Semantic Analysis". *American Anthropologist*, 67 (5), 1965, Parte 2, nota de rodapé 4, p. 308.

são tio e tia porque são o pai e a mãe dos primos da criança. Como dizem essas crianças: "Ele é meu tio mesmo assim porque ele é o pai do meu primo". Aqui, pode parecer que o tio e a tia se tornam parentes de sangue. Já que são parentes de sangue, nem o divórcio nem um segundo casamento alteram sua posição.

Um segundo problema criado pela morte ou pelo divórcio é o problema dos parentes *step*-. O problema consiste no fato de que, apesar de alguns americanos afirmarem que esses são parentes "por casamento" do mesmo modo que sogro, sogra etc., outros negam isso.

Quando a morte ou o divórcio deixam uma pessoa com filhos, e ela se casa novamente, então o novo cônjuge se torna padrasto ou madrasta (*"step-parent"*) dessas crianças. Exatamente do mesmo modo, se um de meus pais não está mais casado com o outro por causa da morte ou do divórcio, e meu pai remanescente se casa novamente, então o novo cônjuge de meu pai se torna meu padrasto ou madrasta, e seus filhos, meus irmãos *step*-. Mas eles são todos meus "parentes por casamento"?

Alguns americanos afirmam que uma sogra e uma madrasta têm muito pouco em comum. Uma é a mãe de um cônjuge, a outra é a própria mãe de Ego, e isso é muito diferente.

Alguns informantes dizem que uma esposa de um tio é uma tia e que ela é uma parente por casamento. Alguns informantes dizem que uma esposa de um tio é uma tia, mas que ela não é realmente uma parente, apenas a esposa de um tio. Alguns informantes dizem que uma esposa de um tio é uma tia e que ela é uma parente enquanto for casada com o tio, mas se ela se divorciar ou o tio morrer, ela não será mais uma parente. Esses informantes adicionam que é educado continuar a chamá-la de "Tia Sally" como antes, se o tio morrer. Mas se o tio e a tia se divorciarem, então isso dependerá. Se o tio morreu, ela pode continuar a ver a família como costumava fazer. Algumas crianças dizem que ela será sua tia não importa se houver um divórcio ou o tio morrer, porque ela é a mãe de seu primo. E algumas dizem que ela é sua tia se elas gostarem dela, mas não é se não gostarem.

A situação é substancialmente a mesma para o marido da tia, para a segunda esposa do avô que não é a mãe do pai (ou sua terceira esposa, inclusive), para o segundo marido da avó que não é o pai do pai (ou seu terceiro marido). Ela também é aproximadamente a mesma, mas com algumas diferenças significativas, para o filho ou filha do irmão ou irmã do cônjuge, sobrinho e sobrinha, os recíprocos da esposa do tio (tia) e marido da tia (tio). Ou seja, para o marido da irmã de meu pai, eu sou o filho do irmão de sua esposa.

Há um viés assimétrico importante em tudo isso. O informante que diz com firmeza contar a esposa de seu tio como uma tia e uma parente tem muito menos firmeza sobre o filho do irmão ou irmã de seu cônjuge. Ele não chama essa criança de "sobrinho" ou "sobrinha", e pode dizer que não se sente tão próximo do filho do irmão ou irmã de seu cônjuge quanto se sente da esposa de seu tio ou do marido de sua tia. Quando pedimos aos informantes para compararem o filho do irmão ou irmã de seu cônjuge com o cônjuge de seu tio ou tia, há muito menos certeza sobre o filho do irmão ou irmã do cônjuge ser uma sobrinha ou sobrinho do que há sobre o cônjuge do tio ou da tia ser uma tia ou tio, ou mesmo sobre ser um parente. Além disso, os informantes muitas vezes recorrem a um tipo de lógica bastante estranho, que diz: "Se o marido de minha tia é meu tio, então eu sou o filho do irmão de sua esposa, e se ele é meu tio então eu devo ser seu sobrinho". A linha de argumento oposta – que *já que* eu sou seu sobrinho, ele deve ser meu tio, é não apenas raramente oferecida espontaneamente, mas também, quando se pede aos informantes para analisá-la, eles dizem que a fórmula soa muito estranha ou desconfortável para eles, ainda que eles possam não ser capazes de colocar em palavras o que há de errado com ela.

Essa assimetria fica especialmente marcada quando o filho do irmão ou irmã do cônjuge por acaso é o filho do irmão ou irmã de um ex-cônjuge. Depois do divórcio, não importa o que a criança diga, o informante pode ter muita firmeza quanto ao fato de que o filho do irmão ou irmã de seu ex-marido ou sua ex-esposa não é realmente um sobrinho. Mas, com efeito, mais uma vez é importante aqui notar que os informantes dizem voluntariamente que isso depende muitas vezes do relacionamento com a criança, com o ex-cônjuge, com o irmão ou irmã do ex-cônjuge, com os pais do ex-cônjuge, de quanto tempo eles estiveram casados, do quão bem eles se davam com os parentes por afinidade, e assim por diante.

Devemos notar uma segunda assimetria que tem a ver com o modo de aplicação dos termos de parentesco. Apesar de eu chamar o marido de minha tia de "Tio Bill", ele não me chama de "sobrinho". O fato de ele *não* utilizar um termo de parentesco é o uso correto e apropriado; se eu não utilizar um termo de parentesco, isso pode ser considerado desrespeitoso. Da mesma forma, no contexto da identificação, podemos dizer sobre o marido de uma tia: "Ele é meu tio" – e isso será o bastante. As crianças tendem a identificar tios e tias rápida e facilmente dessa forma, e sem nenhuma qualificação a não ser que recebam especificamente perguntas como: "E como exatamente ele é parente seu?" Mas os informantes não hesitam em identificar uma pessoa como "meu sobrinho por casamento" ou "sobrinha por casamento". "Ela é a sobrinha de minha esposa" ou "ele é o sobrinho de meu marido" são usos comuns.

II

Mas isso serve apenas para formular a pergunta do significado e dos usos dos termos de parentesco no parentesco americano. Por que as crianças tendem a identificar o marido de sua tia e a esposa de seu tio como "meu tio" e "minha tia", enquanto os adultos respondem dizendo "Ela é a sobrinha de minha esposa" ou "Ele é o sobrinho de meu marido"?

Qualquer discussão de termos de parentesco com informantes tende a se mover imediatamente para o terreno de *Quem é chamado do que e por quem*. Não importa como as perguntas sejam feitas, todas parecem levar imediatamente para o piso firme de especificar quem chama quem do quê. Sim, dizem os informantes, eu já ouvi utilizarem a palavra "papi". Mas então eles passam a falar sobre quanta diferença faz quem chama quem de "papi".

Quem, então, é chamado do que e por quem no parentesco americano?

A primeira coisa que é preciso dizer é que existe uma grande variedade de termos e usos *alternativos* aplicáveis para qualquer pessoa em particular como um parente. Colocando de outro modo, existem muito mais termos de parentesco e termos para parentes do que há tipos de parentes ou categorias de parentes.

A mãe pode ser chamada de "mãe", "mamãe", "mami", "mama", "mamãezinha", "mãezinha", "velha", ou por seu primeiro nome, apelido, um diminutivo ou por várias outras designações, incluindo apelações únicas ou idiossincráticas, às vezes relacionadas à linguagem de bebês. O pai pode ser chamado de "pai", "papai", "papi", "papaizinho", "paizinho", "velho", "chefe" ou por seu primeiro nome, apelido, um diminutivo ou por várias designações menos costumeiras, incluindo apelações únicas ou idiossincráticas, às vezes relacionadas à linguagem de bebês. Tios podem ser chamados de tio-mais-primeiro-nome, apenas o primeiro nome, ou apenas tio. O mesmo vale para tias. Avós podem ser chamados de "vô", "vó", "vovô", "vovó", "nana"; pode-se adicionar sobrenomes para distinguir "Vovó Jones" de "Vovó Smith". Primos são chamados por seu primeiro nome, apelido, um diminutivo, ou outra forma pessoal de designação, ou como primo-mais-primeiro-nome ("Prima Jill"). Filho pode ser chamado de "filho", "filhinho", "garoto", "menino", "moleque", ou por seu primeiro nome, apelido, um diminutivo ou outras formas de designação pessoal. E filha pode ser chamada de "garota", "menina", "filha", "irmã", por seu primeiro nome, apelido, um diminutivo, ou irmã-mais-primeiro-nome ("Irmã Jane"), assim como por formas pessoais e idiossincráticas. "*Kid*" como uma forma para criança não distingue filho de filha. Irmão pode ser "irmão", irmão-mais-primeiro-nome, apenas o primeiro nome, apelido, diminutivos ou formas pessoais. Irmã pode ser "irmã", irmã-mais-primeiro-nome, apenas o primeiro nome, apelido, diminutivos ou formas pessoais.

A utilização de pronomes pessoais e variações para especificar de quem o relacionamento é aumenta o número de alternativas. A mãe, por exemplo, pode ser "minha mãe" ou apenas "mãe". Pode-se referir a um terceiro através de seu relacionamento com o orador ("minha mãe"), com a pessoa com quem se fala ("sua mãe"), ou, como na tecnonímia, com outra pessoa ("a mãe de Tom"), assim como por algum outro atributo ou qualidade ("a grande mãe").

Alguns informantes utilizam termos paternais para os pais de seus cônjuges; ou seja, a mãe do cônjuge é "mãe", "mamãe" etc., enquanto o pai é "pai", "papai" etc. Alguns utilizam uma forma paternal-mais-nome como mãe Smith (Pai Smith), mãe Jane (Pai Jim), ou Mamãe Perkins (Papai Perkins). Também encontramos a utilização do primeiro nome, mas os informantes muitas vezes apontam rapidamente que o primeiro nome não é imediatamente a primeira forma utilizada. Se eles se conheceram como estranhos, há uma tendência na direção de formas Sr. e Sra.-mais-sobrenome, e só depois, quando o pai do cônjuge permite ou convida, a forma de primeiro nome é utilizada. Os informantes também notam rapidamente a prevalência de não utilizar nomes ("*no-naming*")[5] aqui. Um informante, de cinquenta e poucos anos, casado há mais de vinte anos, disse que nunca tinha utilizado nenhuma forma para se dirigir à mãe de sua esposa! Se fosse absolutamente necessário atrair a atenção dela, ele fazia barulhos de tosse ou de pigarro, aos quais ela aprendera a responder.

Enquanto um sogro ou sogra é tratado pelo primeiro nome com sua permissão ou através de seu convite, um cunhado ou cunhada pode ou não receber a mesma cerimônia. As formas para cunhados e cunhadas são as mesmas disponíveis para irmãos.

O uso varia dependendo de *com* quem se fala e *de* quem se fala. Um informante se refere à sua mãe como "mãe" quando fala com seu pai, como "mamãe" quando fala com seu irmão, e como "minha mãe" quando fala com seu tio (o irmão de sua mãe) ou com um estranho. Outro informante, que diz que normalmente chama sua sogra de "mamãe" quando fala com sua esposa sobre ela, evita cuidadosamente chamá-la de qualquer coisa quando sua própria mãe está presente (não utiliza nomes). Um outro informante chama o irmão de seu pai de "Tio Bill" quando fala com seu pai, "Bill" quando fala diretamente com o irmão de seu pai, desde que ninguém mais esteja presente, e "meu tio" quando conta histórias sobre suas aventuras para algum amigo que não o conhece.

Alguns informantes dizem que raramente, e às vezes nunca, se confinam a um único termo para qualquer parente dado. Alguns desses informantes dizem que utilizam uma forma "principal" e formas "alternativas", mas outros informantes não têm facilidade em dizer qual forma é principal e qual é alternativa.

Embora todos os informantes estejam dispostos a listar "papai" ("*dad*") e "papaizinho" ("*daddy*") como formas que eles poderiam utilizar com qualquer outro termo para pai, alguns informantes dizem que "pai" ("*father*") e "papi" ("*pop*") são incompatíveis. Quer dizer, se Ego utiliza "pai", é improvável que ele

---

5. Essa é a forma zero de tratamento. Ela pode às vezes ser articulada como um barulho de pigarro ou um som do tipo "mm-hmm". Foi Erving Goffman quem sugeriu o termo "*no-naming*" para mim há alguns anos.

utilize, ou esteja disposto a utilizar, "papi" ("*pop, pa*"). Inversamente, se Ego utiliza "papi", é improvável que ele utilize "pai" com regularidade. Por outro lado, "papai" é compatível com qualquer um dos termos alternativos.

Os informantes que utilizam "pai" explicaram que eles raramente, ou nunca, utilizam "papi" porque este é um termo familiar demais, e de algum modo não implicava o grau de respeito que é necessário. Os que utilizam "papi" tomam a mesma posição, mas do outro lado. Eles dizem que raramente utilizam "pai" porque isso implica autoridade e respeito num grau maior que eles, ou seu pai, consideram apropriado, e uma formalidade e distância impessoal maior do que é desejável. Isso não quer dizer que "papi" ou "papai" impliquem qualquer falta de respeito ou qualquer ausência de autoridade. Muito pelo contrário. É apenas que essas qualidades não são as qualidades salientes nesses termos.

Os informantes não dividem os termos para mãe em categorias incompatíveis, mas o sexo do orador parece importante aqui. Os informantes disseram que filhas utilizam menos "mamãe" ("*mom*") e "mami" ("*ma*") do que filhos, e que "mãe" ("*mother*") era mais aceitável para filhas do que para filhos.

O termo formal "pai" não é o análogo preciso do termo formal "mãe". "Pai" tem formalidade, autoridade e implicações de respeito que não estão presentes em "mãe". Por exemplo, alguns informantes homens relataram que, quando discutem com seus pais, evitam qualquer forma de tratamento (não utilizam nomes, mais uma vez), e um informante disse que se, durante uma discussão com seu pai, ele utilizasse o termo, ele se sentia forçado a abandonar a discussão: "Não se deve discutir com seu pai!" Ao evitar a utilização do termo, ele não era forçado a encarar a transgressão que estava implicada.

Por outro lado, informantes homens que relataram evitar qualquer forma de tratamento ao discutir com seus pais afirmavam prontamente que uma discussão com suas mães incluía exclamações como "Oh, mãe!" e "Mas, mamãe, como você pode dizer uma coisa dessas?" Ou seja, não existe nenhuma inibição quanto à utilização do termo "mãe", em oposição à utilização do termo "pai".

Se, em um aspecto, os informantes dizem que utilizam termos de "pai" diferentemente de termos de "mãe", em outro aspecto eles os utilizam do mesmo modo. Para crianças pequenas é apropriada tanto para homens quanto para mulheres a utilização de "papaizinho" ("*daddy*") e "mamãezinha" ("*mommy, mummy*") – ou seja, termos informais e diminutivos. Mas homens do Norte dizem que, ao crescer, eles param de utilizar "papaizinho", sentindo que o termo é infantil e afeminado, enquanto as mulheres podem manter "papaizinho" ou mudar para "pai".

Os informantes às vezes relatam a utilização apenas dos primeiros nomes para tios e tias. Ao trabalhar com genealogias particulares com os informantes, fica óbvio que alguns informantes não aplicam consistentemente nenhum termo particular para todos os tios ou tias. Ou seja, um informante chamava o irmão mais velho de sua mãe de "Tio Jim" e o irmão mais novo de sua mãe de "Bill". Outro relatou que chamava a irmã de sua mãe de "Tia Jane" e o marido da irmã de sua mãe de "John".

Quando é apropriado utilizar o termo "tio" ou "tia" mais o primeiro nome, em contraposição a apenas o primeiro nome?

Alguns informantes dizem que preferem utilizar apenas o primeiro nome para tias do lado da mãe em vez do lado do pai, e preferem utilizar apenas o primeiro nome para homens, e não para mulheres.

Alguns informantes dizem que pararam de utilizar termos de "tia" e "tio" e passaram a utilizar apenas primeiros nomes depois de entrarem em universidades ou depois de se sentirem adultos o bastante. Alguns informantes relataram que, quando existe um sentimento forte, seja positivo ou negativo, o termo "tio" era esquecido e mantinha-se apenas o primeiro nome. Por exemplo, um informante com três tios chamava o primeiro de "John", o segundo de "Tio Bill" e o terceiro de "Jim". Ele explicou isso dizendo que a primeira pessoa era um tipo sujo e ele não lhe daria a dignidade de chamá-lo de "tio". Questionado sobre por que ele não chamava Jim de "Tio Jim", ele explicou: "Jim é um cara maravilhoso! Eu e ele sempre fomos os melhores amigos!" E o Tio Bill? Tio Bill era neutro, "um cara legal".

Se os termos alternativos para tios e tias consistem apenas em "tio" e "tia", primeiro nome mais "tio" ou "tia", e apenas o primeiro nome, poderíamos dizer que só existem essas três formas alternativas, e que três não é um número muito grande.

Mas não pode haver tal reclamação sobre os termos para marido e esposa. Aqui, a elaboração de termos alternativos vai muito mais longe do que em qualquer outro lugar no sistema de parentesco americano.

Os termos para marido e esposa se encaixam em três categorias básicas: termos de parentesco, variações sobre o primeiro nome (primeiro nome, apelido, diminutivos etc.) e um grupo que pode receber dignidade e formalidade especiais ao ser rotulado de "termos de carinho". Termos de parentesco são compostos de duas subcategorias: primeiro, termos utilizados para indicar a ordem de parentesco, ou seja, termos de identificação que explicam quem ele ou ela é, como "minha esposa", "meu marido", "Sra. X" ou "Sr. X"; segundo, termos maternais e paternais, por exemplo, "mãe", "mamãe" ou "minha velha" para a esposa, "pai", "papai" ou "meu velho" para o marido. Os termos de carinho se encaixam numa série de classes: termos açucarados (docinho, doçura etc.), termos de afeição (amor, amado, querida etc.), termos animais e vegetais (gatinha, urso, flor etc.) e uma coleção grande e variada de termos idiossincráticos, alguns deles sílabas sem sentido (neném, nã etc.). Nós todos conhecemos pelo menos alguns desses termos. Provavelmente existe uma variedade maior de termos para esposa do que para marido.

Devemos notar dois outros conjuntos de termos alternativos. O primeiro é o conjunto de avô, pai, cônjuge, irmão, filho e neto. Aqui, pai e mãe são "pais" ("*parents*"), marido e esposa são "cônjuges" ("*spouse*"), irmão e irmã são "irmãos" ("*siblings*"), e filho e filha são "filhos" ("*child*"). Esse conjunto trata o sexo do parente como insignificante[6], mas especifica discrepâncias de gerações. No conjunto que contém o ancestral, a ancestral e o descendente, o sexo do parente é distinguido nas gerações ascendentes, mas ignorado nas descendentes, e a geração particular é ignorada aqui, como especificada no primeiro desses dois conjuntos. O tratamento do sexo nesse conjunto é muito parecido com o tratamento do sexo na tríade oferecida como a definição da família: a saber, mãe, pai e filho/filha, ou marido e esposa e seus filhos.

Um conjunto de usos particularmente interessante é aquele onde um homem utiliza "mãe", "mamãe", "minha velha" ou outros termos maternais tanto para sua esposa quanto para sua mãe, e uma mulher usa "pai", "papai", "meu velho" ou outros termos paternais tanto para seu marido quanto para seu pai.

Um contexto onde isso ocorre é quando um adulto fala com seu filho sobre o outro pai da criança, e utiliza o termo da criança para esse pai. Um homem diz para seu filho, "Lá está a mãe", ou ele pode dizer "Vá com a sua mãe", "Dê isso para a mãe", ou "Pergunte para a mãe". Obviamente, uma mulher diz as mesmas coisas para seu filho, utilizando os termos de "pai" para seu marido.

Os americanos dizem às vezes que, ao lidar com crianças, particularmente crianças pequenas, eles utilizam o termo que a criança utilizaria; eles adicionam que isso ajuda a criança a aprender. Portanto, apesar de eu poder ser a mãe ou pai da criança, eu diria para ela: "Lá está (seu) pai (ou mãe)".

Esse ponto pode ter algum mérito, mas devemos manter suas duas partes separadas. Há uma época na vida da criança onde todos os adultos são "mãe" ou "pai"; esse período é seguido por uma época onde todos os adultos são "mãe" ou "pai", mas não necessariamente os seus. Eu encontrei uma criança de cerca de 4 anos, com dificuldades para amarrar seus cadarços, que me pediu: "Papai de alguém! Por favor, arruma o meu cadarço". Em outra ocasião, uma criança me disse para "ir perguntar para sua mãe se você pode vir brincar com a gente", e com isso eu entendi que deveria perguntar para minha esposa; *eu* sabia que ela não era minha mãe, ainda que a criança não soubesse. Tais usos por crianças não são incomuns. Eles parecem estar relacionados ao fato de que os adultos realmente utilizam os termos da criança para outros adultos, dizendo que fazem isso para ajudar a criança a aprender os usos apropriados.

---

6. Todos os termos entre parênteses deste parágrafo são neutros em inglês, mas esse não é o caso em português, onde eles são masculinos [N.T.].

Entretanto, em muitos casos desse tipo, as crianças não estão envolvidas enquanto crianças, ou simplesmente não estão envolvidas. Se eu falo com meu primo sobre a mãe dele, eu posso dizer "a sua mãe" ou "Tia Sally". Quando eu digo "a sua mãe", posso fazer isso se ele for uma criança pequena ou um adulto. Certamente, um adulto não precisa aprender que a senhora é a mãe dele, ou que termo de parentesco ele deve utilizar para ela.

O mesmo vale para nossos próprios filhos. Podemos dizer para nosso próprio filho, muito pequeno ou completamente adulto: "Dê isso para a mãe". Quando eu falo com meu filho muito pequeno ou completamente adulto sobre o "avô" ou a "avó" em vez de sobre "meu pai" ou "minha mãe", eu faço uma afirmação especial que não está, por si só, ligada à idade de meu filho. Uma mulher que chama a mãe de seu marido de "vovó" pode fazer isso muito depois de seu filho ter crescido. Mas eu também posso falar com uma criança de qualquer idade sobre "minha mãe" e "meu pai", falando dessas pessoas em termos de seus relacionamentos comigo, e não com ela. A manipulação de pronomes possessivos também não tem muito a ver com a idade da criança ou mesmo com a presença de crianças. Dizer "Dê isso para a mãe" não é o mesmo que dizer "Dê isso para sua mãe" ou "Dê isso para a minha mãe". Sob certas circunstâncias, quando um homem diz para uma criança "Dê isso para a mãe", não é uma questão de "sua mãe", mas sim do fato que ela é "*a* mãe" da família.

Há um último ponto que deve ser feito aqui, sobre termos recíprocos. Quando um homem trata sua esposa por algum termo de "mãe", ela não o chama de "filho" a não ser para notar isso. E quando uma mulher chama seu marido de "papai" ou fala sobre ele como "meu velho", ele não retribui com termos de "filha". O recíproco de "mãe" é "pai" quando os oradores são marido e esposa, mas é claro que isso não precisa ser assim. Se um homem chama sua mãe de "mãe", o recíproco pode muito bem ser um termo de "filho" como seu primeiro nome, mas é claro que não precisa ser.

O argumento pedagógico é simplesmente inadequado como uma explicação, assim como a "regra" pela qual se utiliza o termo da criança para o adulto. O fato aqui é que observamos muitos casos onde maridos que tratam suas esposas com termos de "mãe", e esposas que chamam seus maridos de termos de "pai", não têm filhos, nunca tiveram filhos, e não têm nenhuma perspectiva de terem filhos! Eles utilizam termos paternais entre si de um modo que nada pode ter a ver com crianças reais, já que não há nenhuma criança real envolvida.

III

As incertezas, inconsistências e ambiguidades que parecem caracterizar os parentes por casamento e os termos de parentesco não estão no próprio sistema. Elas também não estão nas mentes dos nativos que agem em sua jurisdição. Em vez disso, elas estão na mente do observador que não compreende as categorias culturais, como elas são definidas e diferenciadas, e como elas se articulam num todo significativo.

O que exatamente é problemático sobre os parentes por afinidade ou casamento e os termos de parentesco?

Os materiais problemáticos consistem na variância em muitos pontos e na ausência aparentemente inexplicável de variância em outros. A variância consiste, por exemplo, no fato dos informantes dizerem que a esposa do tio e o marido da tia (a) são parentes; (b) são tipos de parentes chamados respectivamente de "tio" e "tia", junto com os irmãos dos pais; (c) esses são os termos de parentesco apropriados para eles; e (d) eles são membros da classe de parentes chamada de "parentes por casamento" ou "parentes por afinidade". Mas alguns informantes negam um ou mais dos itens de (a) a (d) acima. Um outro exemplo que parece problemático é o cônjuge do primo. Alguns informantes dizem que o marido ou a esposa do primo é um parente, que "primo" é o termo de parentesco apropriado para esse parente, e que esses parentes são membros da categoria "parente por casamento" ou "por afinidade". Outros informantes dizem que o marido ou a esposa de um primo é o marido ou a esposa de um primo, não um parente, e que não existe um termo de parentesco para essa pessoa. E ainda outros informantes dizem que o marido ou esposa de um primo é um parente por casamento ou afinidade, mas que nenhum termo de parentesco especial é apropriado para tal parente.

Entretanto, é importante notar que as diferenças entre informantes – a variância nesses dados – são tratadas pelos informantes como normas alternativas ou variantes legítimas, e não como ilegítimas ou desviantes. Eles podem dizer, por exemplo, que seria errado para eles contar um marido de uma prima como um "primo", mas eles sabem que algumas pessoas fazem isso, e que é perfeitamente apropriado que eles façam isso. Um outro exemplo é o fato de que três modos de tratamento para tios e tias prevalecem, todos são considerados perfeitamente apropriados, e a base para rejeitar uma ou outra forma por qualquer orador particular é considerada uma questão de escolha pessoal livre, ou de questões ligadas ao "nosso tipo de gente".

Esse tipo de variância está em grande contraste com a situação em relação às características distintivas que definem a pessoa como um parente, que foram apresentadas na primeira parte deste livro. Se a resposta total – ou seja, todas as entrevistas e dados coletados de um certo informante durante um período de seis a vinte e quatro meses – de informantes diferentes for comparada sobre perguntas como: "Existe uma relação de parentesco entre seu genitor e você? Se sim, qual é?" e "Existe uma relação de parentesco entre a esposa de seu tio (ou o marido de sua tia) e você? Se sim, qual é?", encontramos não apenas um grau muito alto de concordância em respostas à primeira pergunta, mas também vemos que respostas variantes ou instâncias variantes são tratadas como erradas, impróprias e ilegítimas, como erros de fato ou de juízo. A situação é exatamente o oposto com as respostas totais à segunda pergunta, e respostas variantes são tratadas como alternativas legítimas.

Mas é preciso enfatizar um outro fato importantíssimo. Se fizermos a segunda pergunta para os informantes, a saber, "Existe uma relação de parentesco entre a esposa de seu tio (ou o marido de sua tia) e você? Se sim, qual é?", a resposta *imediata* deles é quase unânime. Eles quase sempre respondem: "Ela é minha tia" ou "Ele é meu tio". Se realizássemos uma pesquisa com uma amostra aleatória de americanos, eu não tenho dúvida de que uma maioria absoluta dos participantes responderia a essa pergunta dessa forma, e se a investigação parasse aí, aprenderíamos apenas isso.

A variância nos dados só emerge depois que elaboramos e oferecemos várias perguntas diferentes, depois que realizamos e discutimos várias observações diferentes, e depois do trabalhador de campo obter do informante um corpo de conhecimento substancial sobre sua genealogia, sua história, suas experiências, e sua interação com os membros de toda a sua família.

Um problema, então, é explicar a presença de normas alternativas nesse nível e a ausência de normas alternativas no nível das próprias características distintivas.

Um segundo problema é definir e explicar os tipos de normas alternativas. O que significam as definições diferentes de esposa do tio e marido da tia? O que elas implicam não só sobre o sistema total, mas sobre o sistema no nível do parente como uma pessoa?

Uma forma simples e talvez útil de colocar esses problemas é perguntar por que parece haver tantas contradições lógicas. Por que existem três ou mesmo quatro nomes diferentes para um certo tipo de parente? Por que o pai pode ser "pai", "papai", "papi", "meu velho" etc., quando certamente a palavra "pai" seria suficiente para a maioria dos propósitos? Elas são meramente sinônimos, palavras diferentes com exatamente o mesmo significado? Por que algumas pessoas dizem que, quando uma tia se divorcia do marido ou morre, ele não é mais um tio, enquanto outros dizem que ele pode ou não continuar um tio, dependendo de seu relacionamento com Ego ou com a família? Por que não há acordo quanto a uma questão tão simples como essa? Não existe uma regra? Essas alternativas não são logicamente contraditórias? Qual é a regra, ou quais são as regras?

Para responder essas perguntas é preciso voltarmos novamente aos primeiros princípios do parentesco americano. Uma premissa fundamental do sistema de parentesco americano é que o sangue é uma substância e que isso é muito distinto do tipo de relacionamento ou código de conduta que as pessoas que compartilham essa substância, o sangue, devem ter. É precisamente com base nessa distinção entre o relacionamento como *substância* e o relacionamento como *código de conduta* que a classificação dos parentes por natureza, parentes por lei, e aqueles que são relacionados tanto por natureza quanto por lei, os parentes de sangue, é feita.

Mais uma vez, é necessário dar o próximo passo; esses dois elementos, substância e código de conduta, são bastante distintos. Eles podem ocorrer sozinhos ou em combinação. Portanto, qualquer pessoa particular pode basear sua decisão sobre quem contar como parente em cada um desses elementos, ou nos dois se eles estiverem presentes.

A substância ou o sangue, no seu sentido biogenético, é um estado de coisas, um fato da vida que nada pode mudar. Ou ela existe ou não existe, e se existir, ela não pode ser alterada nem removida. Então, ela é *involuntária* em dois sentidos: uma pessoa não pode escolher entrar ou não entrar nesse estado, e se ela estiver nesse estado ela não tem controle sobre ele e não pode alterá-lo nem removê-lo.

O elemento do relacionamento, ou do código de conduta, é o oposto. Ele é *voluntário* no sentido de dever ser realizado voluntariamente – uma pessoa escolhe entrar ou não entrar nesse relacionamento – e a pessoa tem um certo controle tanto sobre a forma particular que ele assume quanto sobre se ele deve ser terminado ou não. A palavra "consentimento" muitas vezes é associada a esse elemento, especialmente a uma forma particular dele, o casamento.

Essa, então, é a situação do cônjuge divorciado ou viúvo de uma tia ou tio. Como os informantes disseram tão claramente[7], "tudo depende do relacionamento". Primeiro, depende do relacionamento porque não pode depender de nenhum tipo de substância – não há uma substância na qual basear o relacionamento. Segundo, se o relacionamento, o código de conduta, o padrão de comportamento, for tal que a família deseja manter um relacionamento, então isso acontece e o relacionamento continua. Mas se, por consentimento mútuo, eles de todo o coração desejarem nunca mais ouvir falar um do outro, então terão boas bases para fazer isso. É a base substantiva, a substância biogenética básica, que marca a condição obrigatória, a condição que é mandatória e não pode ser terminada. Um relacionamento sem essa base substantiva não tem a permanência mandatória que a substância implica.

Mas isso é verdadeiro para o cônjuge de um tio ou tia independentemente de estarem divorciados ou não, e independentemente da tia (ou do tio) estar morta ou não; eles são parentes, se forem parentes, apenas porque eles têm um *relacionamento* de parentesco, ou seja, apenas porque invocam o código de conduta do parentesco. Não é porque existe uma base substantiva que implique num relacionamento de parentesco. Exatamente porque não existe uma base substantiva para isso, o relacionamento de parentesco deles é voluntário e opcional, e depende de

---

7. E como o informante de Goodenough lhe disse tão francamente. Cf. nota 4, p. 93.

consentimento mútuo. Iniciado voluntariamente, ele pode ser rompido voluntariamente. Eles são parentes porque *escolhem* seguir esse código de conduta em vez de algum outro código, não porque eles são *obrigados* a segui-lo.

O mesmo vale para toda a área de parentes por casamento ou parentes por afinidade, incluindo o membro principal dessa categoria, o marido ou esposa. Eles são parentes apenas enquanto invocarem um código de conduta de parentesco para eles. Sua identidade como pessoas que são parentes depende apenas desse elemento. Já que, por definição normativa, ela é optativa e voluntária, informantes diferentes têm liberdade para agir diferentemente de acordo com suas regras muito flexíveis, e têm liberdade de dar respostas muito diferentes para a simples pergunta: "Você o considera parente seu?"

Podemos dizer isso novamente com termos um tanto diferentes falando que a palavra "parente" significa três coisas diferentes no parentesco americano. Primeiro, ela significa uma pessoa que é identificada por outra pessoa como possuindo algum relacionamento de substância, compartilhando material biogenético. Tal pessoa seria um parente por natureza, e, por conveniência, podemos rotulá-lo de "parente[1]". Segundo, significa uma pessoa que é identificada por outra como possuindo algum relacionamento em que segue um código de conduta de parentesco. Isso seria um relacionamento de solidariedade difusa duradoura, mas as formas de expressão disso e sua firmeza, profundidade e permanência dependeriam de vários fatores. Tal pessoa seria um parente por afinidade, e, por conveniência, pode ser rotulada de "parente[2]". Terceiro, um parente é uma pessoa que é identificada por outra como possuindo algum relacionamento tanto por natureza quanto pela lei, sendo assim chamada de parente de sangue. Como $1 + 2 = 3$, é totalmente apropriado rotulá-lo como "parente[3]".

Quando um americano identifica outra pessoa como um parente, ele não estabelece uma distinção clara entre esses três tipos diferentes de parentes ou esses três significados diferentes dessa palavra. Portanto, nem sempre é fácil dizer exatamente o que um informante quer dizer quando fala: "Oh sim. O marido da minha tia é um parente sim. Ele é um parente por casamento. Um dos meus parentes por afinidade, eu diria. Eu o chamo de 'tio', sabia?"

Um marido de tia ou esposa de tio, então, são parentes por entrarem voluntariamente no papel de parente e o manterem, ou seja, por serem parentes por consentimento mútuo. É tão legítimo e apropriado afirmar que essas pessoas *são* parentes quanto afirmar que essas pessoas *não são* parentes, já que essas são normas alternativas, que podem ser seguidas por pessoas diferentes no mesmo momento ou pela mesma pessoa em momentos diferentes. Ou seja, é opção das próprias pessoas manter ou não um relacionamento (enquanto código de conduta) de parentesco. O marido da tia e a esposa do tio, nesse aspecto, podem ser considerados exemplos que valem para a categoria inteira de parentes por afinidade ou por casamento.

Mas se tudo isso for verdade, como isso pode valer para os parentes *step-* ou por adoção, pois, se eles forem realmente parentes por afinidade, a primeira pergunta que precisa ser respondida é a questão do consentimento. Pode-se perguntar muito razoavelmente se uma criança realmente tem muita escolha quanto a iniciar e manter voluntariamente um relacionamento de parentesco com uma madrasta ou mãe adotiva ou um padrasto ou pai adotivo. Pois quem escolhe a madrasta é o pai, que o faz quando escolhe uma nova esposa, e se alguém escolhe o padrasto, esse alguém é a mãe, que o faz quando escolhe um novo marido, e se alguém escolhe uma família adotiva para uma criança, esse alguém muito provavelmente é um tribunal ou uma agência social supervisionada por um tribunal que tem jurisdição sobre a criança. A própria criança certamente não faz a escolha.

De acordo com a definição da criança na cultura americana, uma criança ainda não atingiu o que é chamado de "idade de consentimento", e, portanto, seu consentimento é dado por ela e em nome dela por alguém que é ou representa seus pais. Isso vale até a criança ter competência para ela mesma dar seu consentimento. E, realmente, quando ela atinge a idade de consentimento, ela pode muito bem terminar voluntariamente esse relacionamento, apesar das muitas pressões diferentes para mantê-lo. No caso de um adulto cuja mãe ou pai se casa novamente, a questão do consentimento fica muito mais evidente, pois aqui o adulto pode fácil e simplesmente iniciar ou se recusar a iniciar um relacionamento de parentesco com o novo cônjuge de sua mãe ou pai.

Devo fazer uma última afirmação. Falei primeiramente em relação a tipos específicos de parentes: marido da tia, esposa do tio, madrasta, pai adotivo, e assim por diante. Mas, em cada caso, pode-se tomar o exemplo para a categoria inteira. Ainda assim, é importante notar explicitamente um ponto adicional, já que ele pode não estar claro com uma consideração apenas de exemplos específicos. Pois a *categoria* de parentes por casamento ou afinidade no parentesco americano *não* é igual à soma de seus membros nem definida por ela, pois a definição cultural formal da categoria estipula quem *pode* ser incluído, mas não quem *deve* ser incluído. Normas alternativas governam qual tipo de membro será incluído por qual tipo de Ego em qualquer momento dado. Isso se segue do fato de que a definição de categoria estipula que o relacionamento é uma questão de consentimento, ou seja, que ele é iniciado e mantido voluntariamente.

É esse fato, então, que explica grande parte da aparente ambiguidade e contradições que as primeiras duas seções deste capítulo descreveram (p. 88-101) – mas não todas elas, de modo algum. É esse fato que explica por que alguns informantes dizem que o cônjuge de um primo é um parente por casamento enquanto outros informantes dizem que o cônjuge de um primo é o cônjuge de um primo e não um parente. É esse fato que explica por que alguns informantes dizem que, quando o marido de sua tia se divorciou, a partir desse momento (ou até antes dele!) ele não é mais seu tio, enquanto outros informantes dizem que mesmo divorciado ele ainda é seu tio porque ele estabeleceu o relacionamento de tio-sobrinho(a) com eles, um relacionamento que não é afetado pelo divórcio. É esse fato que explica por que alguns informantes dizem que um tio de um cônjuge é seu tio, enquanto outros informantes dizem que um tio de um cônjuge é o tio de um cônjuge e que ele não é nem sequer um parente por afinidade para eles! E é esse fato que explica por que o informante que diz que, apesar de o marido de sua Tia Jane ser seu tio, o marido de sua Tia Alice é um vagabundo e não é tio dele! Tudo isso são formas alternativas igualmente legítimas, pois seguem-se da definição de categoria que estipula que um parente por casamento ou afinidade é aquele com quem um relacionamento de parentesco é iniciado e mantido por consentimento mútuo, e que, onde não há consentimento, não existe um relacionamento por afinidade.

IV

O próximo problema que precisa ser enfrentado é a questão das frases "por casamento" ("*by marriage*") e "por afinidade" ("*in law*"). Será que essas duas frases são simplesmente sinônimas? Não fica imediatamente claro por que alguns parentes são explicitamente nomeados por termos de parentesco que incluem a frase ou modificador "-*in-law*" ("sogra", "sogro" etc.) enquanto outros que parecem estar na mesma categoria geral não o são (cônjuge do primo, cônjuge do sobrinho ou sobrinha, irmão do cônjuge do irmão, segunda ou terceira esposa do avô que não é a mãe verdadeira do pai etc.). Também não é evidente por que a categoria inteira é chamada de parentes "por casamento", já que alguns deles não são relacionados por casamento de modo simples e claro (os parentes por adoção, p. ex.). E mesmo quando podemos apresentar alguma justificativa para mostrar que eles são realmente relacionados por casamento (como podemos com os parentes *step*-, p. ex.), muitos informantes se sentem fortemente desconfortáveis com isso e negam sua validade mesmo que sua lógica os deixe perplexos. Alguns informantes tentam afirmar que "por casamento" significa "pelo casamento de qualquer um dos meus parentes de sangue", e com isso explicar a esposa do tio e o marido da tia como tia e tio, respectivamente. Mas então eles têm dificuldades de explicar por que não contam o cônjuge de um primo ou prima como prima ou primo – apesar de outros informantes contarem – e o cônjuge de seu sobrinho e sobrinha como sobrinha e sobrinho – apesar de outros informantes contarem. "Por casamento", então, não é uma simples abreviação de "pelo casamento de qualquer parente de sangue", apesar disso ser um passo explicativo tentador para muitos informantes.

Para compreender "por casamento" e "por afinidade" como os nomes dessa categoria, precisamos novamente voltar para os primeiros princípios do parentesco americano. O sistema de parentesco americano, enquanto um sistema de símbolos, é um desenvolvimento especial da divisão fundamental do universo em duas partes, a da natureza e a da lei[8]. A lei, no sentido de uma ordem que é criada, inventada, imposta, está assim oposta à natureza, que é "dada". Mas os processos regulares da natureza são considerados conformes "às leis da natureza", e, portanto, a lei em seu sentido mais amplo parece significar ordem, regularidade e obediência a regras.

Apesar de a lei ser a categoria de alcance mais amplo, é dentro da ordem da lei nesse sentido mais amplo que ocorre a oposição particular entre natureza e lei, formulada como uma oposição entre as duas fontes de ordem – a que é "dada" e a outra que é "feita". Então, no domínio do parentesco, a lei é a ordem que foi feita para a humanidade e a natureza do homem e imposta sobre elas. A lei, nesse nível de contraste, está então especificamente restrita aos costumes, à tradição, aos hábitos e aos modos do homem contra quaisquer outros modos.

O símbolo fundamental que diferencia o sistema de símbolos do sistema de parentesco americano é, como eu disse, o do coito. No universo inteiro, que é dividido em uma ordem da natureza e uma ordem da lei, é o símbolo do coito que relaciona o sistema do parentesco ao sistema universal. As duas partes do símbolo do coito que são diferenciadas são, primeiro, a do resultado substantivo – o filho que compartilha o material biogenético de seus pais – e, segundo, o relacionamento (conduta) dos dois pais entre si. A palavra para esse segundo aspecto é "casamento"; ela representa a unidade do marido e da esposa, sua unidade num relacionamento sexual, e uma unidade oposta à unidade dos pais com o filho.

O casamento, então, se coloca como *o* relacionamento na lei que é restrito especificamente para significar um relacionamento sexual, enquanto todos os outros relacionamentos na lei não têm seus significados restritos dessa forma.

Mas o casamento e a lei têm uma outra relação entre si. A lei é o mais amplo dos termos, cobrindo qualquer tipo de ordem em qualquer domínio do mundo. Mas, mesmo em seu sentido restrito como a ordem da lei contra a ordem da natureza, significando então a regularidade imposta pela razão humana, essa ordem da lei transcende, e muito, o domínio do parentesco. A ordem da razão humana que está dentro do domínio do parentesco é apenas uma parte da ordem total da lei. Falar sobre um relacionamento na lei, portanto, não especifica de qual subordem ou de qual domínio específico se fala.

---

8. Para que a discussão desta seção seja compreensível, a partir de agora não traduzirei mais *"in law"* por "por afinidade", como é costumeiro em português, e utilizarei os termos literais "na lei" (ou "pela lei") para que a ênfase desejada pelo autor não se perca [N.T.].

É por isso que o termo "casamento" é o exemplar das relações na lei *dentro* do domínio do parentesco. Ele é a própria essência do relacionamento na lei de todos os tipos diferentes de relacionamentos na lei dentro do domínio do parentesco. Ele é o exemplo de um relacionamento na lei dentro do parentesco *par excellence*. Quer dizer, apesar de ele ser apenas um tipo especial e restrito de relacionamento na lei, ele ainda assim é sua expressão mais clara e vívida. É nesse sentido que a fórmula "um parente é uma pessoa relacionada por sangue ou por casamento" deve ser compreendida. O casamento é especificado pela fórmula como se dissesse: não *qualquer* relacionamento de *qualquer* domínio que é o relacionamento na lei, mas a ordem de relacionamento que está na lei e também no reino do parentesco, como exemplificado pelo relacionamento particular do casamento[9].

O casamento é, portanto, um termo que serve para estipular o domínio específico dentro da ordem mais ampla da lei.

O construto normativo do parente "por casamento" ou "por afinidade" ("*in law*") como uma pessoa tem, portanto, a estipulação de que, pela falta de um componente natural ou substantivo, ele consiste apenas num código de conduta particular. Como tal, ele é voluntário no sentido de ficar a critério de cada parte entrar nele, mantê-lo, ou escolher sair dele. Portanto, ele não é obrigatório do mesmo modo que o relacionamento de sangue é obrigatório, apesar de ele ter seus próprios cânones de obrigação, que são essencialmente os da solidariedade duradoura difusa. Assim, esse relacionamento depende, como dizem os informantes, "do relacionamento". Ele é chamado de relacionamento "por casamento" não porque uma das partes é casada com a outra, pois isso muitas vezes não ocorre, mas porque "por casamento" é o termo para esse tipo específico de relacionamento que é, dentro do domínio do parentesco, o relacionamento na lei *par excellence*; ou seja, isso é marcado como um relacionamento de parentesco, e não apenas como algum relacionamento qualquer que seja ordeiro e legítimo.

V

Voltemos mais uma vez para a Tabela II. Apresentei essa tabela como um modo simples de resumir algumas das contradições e inconsistências aparentes que um observador logo percebe ao analisar o material de campo sobre a categoria de parentes por afinidade. Ela é, portanto, uma fabricação de primeira ordem artificial que é bastante imprecisa. Por exemplo, a figura é incompleta e não lista todos os parentes que podem ser considerados parentes por afinidade. Apenas madrasta e padrasto são listados entre os muitos tipos de parentes *step-* que podem ser parentes por afinidade. Também não encontramos parentes por adoção,

---

9. GREENBERG, J.H. *Language Universals*. Den Haag: Mouton, 1966, p. 28.

quando os parentes por adoção podem muito bem ser parentes por afinidade ou casamento. Portanto, a tabela está bastante incompleta, mesmo com uma lista de parentes por afinidade possíveis.

Mas a Tabela II ainda tem um outro propósito a servir antes de ser descartada completamente, pois ainda não tratamos de sua última coluna, chamada de "termo de parentesco".

Na coluna de termos de parentesco da Tabela II há alguns termos básicos ("marido", "esposa", "tio" etc.), alguns termos derivados ("sogra", "madrasta" etc.) e alguns pontos de interrogação.

Coloquei pontos de interrogação na coluna de termos de parentesco da Tabela II quando os informantes pareciam não chegar a um acordo sobre exatamente quais devem ser os termos de parentesco apropriados. Quando os informantes não pareciam ter alguma discordância básica, eu inseri o termo com o qual eles geralmente concordavam. Assim, por exemplo, os informantes geralmente, ainda que não universalmente, concordavam quanto ao termo apropriado para a mãe de um cônjuge, que eles chamavam de "sogra", e esse termo aparece na coluna de termos de parentesco. Mas os informantes não chegaram a um acordo sobre o termo de parentesco para o cônjuge de um primo. Alguns disseram que o cônjuge de um primo é um primo e deve ser chamado de "primo" ou "prima", mas outros disseram que o cônjuge de um primo é um cônjuge de um primo e nada mais, e que eles não devem ser chamados de "primos", já que não são primos nem sequer parentes. Mas ainda outros informantes disseram que, apesar do cônjuge de um primo ser um parente por casamento, não existe um termo de parentesco apropriado para eles, e que é melhor chamá-los por seus primeiros nomes ou pelo termo que for educado, dependendo das circunstâncias.

Agora podemos ver que todos esses informantes estão corretos, cada um a seu modo. Um cônjuge de um primo pode ou não ser considerado um parente, pois essas formas são alternativas. Se ele for considerado um parente, então, obviamente, ele só pode ser um parente por afinidade. Se ele for um parente por afinidade, então um termo de parentesco pode ou não ser considerado de utilização apropriada. Isso também depende de um conjunto de normas alternativas que regula a definição do parente como uma pessoa. Um conjunto de normas alternativas especifica que um parente por casamento pode ser designado pelo mesmo termo de parentesco utilizado por seu cônjuge (levando o sexo do parente em conta quando for necessário). Assim, se um irmão da mãe é "tio", sua esposa pode ser chamada de "tia" de acordo com esse conjunto de normas; se um filho do irmão da mãe é chamado de "primo", sua esposa pode ser chamada de "prima"; se um filho de um irmão é chamado de "sobrinho", sua esposa pode ser chamada de "sobrinha". Mas o outro conjunto de normas diz que não é necessário nem sequer apropriado aplicar um termo de parentesco a parentes por casamento. Para essa norma, um cônjuge de um primo que é contado como um parente por casamento pode ainda assim, de forma apropriada, *não* ser chamado de "primo" por informantes que seguem essa norma. E para alguns desses informantes, mas de modo nenhum todos, é possível adicionar o sufixo "por casamento" ou "por afinidade" a qualquer termo de parentesco, de modo que as construções, por exemplo, "primo por casamento" ou "primo por afinidade", "tia por casamento" ou "tia por afinidade" são consideradas termos de parentesco apropriados.

Devemos mencionar especificamente um outro conjunto de alternativas na categoria de parentes por afinidade. Ele é os parentes *step-* e por adoção. Para alguns informantes, podem existir apenas madrasta, padrasto, irmão de criação (*step-brother*), irmã de criação, enteado e enteada, e, correspondentemente, esses são os únicos termos derivados de parentesco que podem ser construídos a partir do modificador *step-* que esses informantes consideram apropriados. O mesmo pode ser dito para o modificador "por adoção". Para esses informantes, uma "tia de criação" ou uma "tia adotiva" podem ser construtos compreensíveis, mas não são termos de parentesco apropriados, e eles também não considerariam sua utilização apropriada.

Mas, para outros informantes, a situação é muito diferente. Para eles, qualquer parente de um parente por adoção ou *step-* é um parente seu. Para esses informantes é possível ter uma avó de criação ou um avô adotivo, um tio de criação ou um tio adotivo, um primo de criação ou um primo adotivo etc., simplesmente porque esses são parentes das figuras principais, o parente *step-* ou por adoção através de quem eles são relacionados. Correspondentemente, e este ponto é importante, tais parentes recebem termos derivados de parentesco construídos a partir dos modificadores *step-* e por adoção, de modo que o tio de criação, por exemplo, recebe o termo de parentesco apropriado "tio de criação" ("*step-uncle*"), e o primo de uma mãe adotiva pode, apropriadamente, receber o termo de parentesco "primo adotivo", ou o sobrinho de uma madrasta pode ser, apropriadamente, um "sobrinho de criação"[10].

VI

A discussão da seção anterior quase inconscientemente seguiu um curso que esconde, em vez de revelar, um ponto muito fundamental. Apresentei

---

10. W.H. Goodenough (1965) oferece um relato em que os modificadores "*step-*", "*in-law*" e "por adoção" são confinados aos termos básicos "pai", "mãe", "irmão", "irmã", "filho" e "filha". É significativo que Goodenough, no início de seu texto, mas obviamente não em seu título, explique que está lidando com a terminologia de parentesco de apenas uma pessoa, que ele sabe não ser compartilhada em todos os aspectos por todos os norte-americanos nem por todos os falantes nativos do inglês. Como já indiquei, esse padrão é realmente um dos padrões alternativos legítimos de formas terminológicas no parentesco americano, mas existem outros, que relatei acima.

a discussão da seguinte forma: "Uma pessoa pode ou não ser considerada um parente por afinidade; se ela for considerada um parente por afinidade, então ela pode ou não ser designada por um termo de parentesco particular". Essa formulação suprime a possibilidade de que mesmo que seja correto e apropriado designar uma pessoa por um termo de parentesco, essa pessoa não possa ser contada como um parente de qualquer tipo. Para colocar isso de um modo um pouco diferente, será que uma esposa do tio ou marido da tia são contados como parentes *porque* é apropriado chamá-los de "tia" e "tio", respectivamente? Será que os termos de parentesco são necessariamente termos para parentes na cultura americana?

Voltemos novamente aos termos de parentesco. Os termos de parentesco americanos são utilizados como verbos e adjetivos, além de substantivos, e esses modos de utilização podem ser independentes uns dos outros mesmo quando ocorrem na mesma fala. Eu ouvi um garoto reclamar que seu pai "*mothers him*"[11], e os americanos que leem o título do livro de Edith Clark, *My Mother Who Fathered Me*[12], não costumam confundi-lo com uma monografia sobre a partenogênese.

Isso não é nada mais do que dizer que a distinção fundamental entre relacionamento como substância e relacionamento como código de conduta no sistema de parentesco americano é tal que qualquer termo de parentesco dado pode significar ou apenas o elemento de substância, ou apenas o elemento de código de conduta ou papel, ou ambos ao mesmo tempo.

Além disso, o termo de parentesco pode ser usado de modos que implicam ou o significado de substância, ou o de conduta, ou ambos ao mesmo tempo, e o ouvinte não precisa que o próprio termo lhe diga qual desses três significados é indicado por qualquer uso particular. Ou, por outro lado, pode-se fazer modificações específicas que realmente indicam ao ouvinte qual dos três significados é intencionado ou quais são excluídos.

E como os termos de parentesco são aplicados a pessoas, ocorre mais uma combinação. Os termos de parentesco podem ser aplicados a pessoas que não são parentes. Quando isso ocorre, o termo de parentesco marca o elemento de papel ou código de conduta. Às vezes, quando isso acontece, o termo é modificado especificamente para deixar isso bastante claro para o ouvinte. Mas às vezes essa modificação não ocorre, e não existe nenhuma regra que a exija. Portanto, não é possível inferir apenas a partir da utilização do termo de parentesco que as pessoas às quais ele é aplicado são necessariamente consideradas parentes.

---

11. Em português, não podemos transformar substantivos como "pai " ou "mãe" em verbos, como o autor indica. Uma tradução aproximada seria "seu pai o trata como mãe ao invés de pai" [N.T.].

12. *Minha mãe que foi um pai para mim*, aproximadamente [N.T.].

Vejamos os seguintes exemplos desses pontos. Se uma mulher é uma madrasta, sogra ou mãe adotiva, ela claramente não é a genetriz do filho e, portanto, não é relacionada a ele por substância, ainda que ela desempenhe uma ou outra variante do papel maternal. Mas isso também vale para a *den mother*[13] de uma tropa de bandeirantes, a *house mother*[14] de um dormitório escolar, e a madre superiora de um convento. Primeiro, devemos notar que, em cada um desses casos, o modo de modificação do termo "mãe" define o tipo de pessoa que desempenha esse papel, e cada modificação mostra que o termo "mãe" significa o elemento de papel ou conduta, e não o de substância. Segundo, devemos notar que pessoas que não são parentes podem receber papéis de parentesco. Assim, a pessoa à qual o termo de parentesco é aplicado pode ou não ser definida como um parente. Isso se segue do fato de que o objeto que recebe um termo de parentesco é uma pessoa; o termo de parentesco não é o próprio objeto. E, terceiro, devemos notar que o conjunto de termos derivados não termina de modo algum com os modificadores "*step-*", "por afinidade" e "adotivo", e devemos considerar que ele inclui "*den*", "*house*" e "superiora", de modo que "madrasta", "sogra", "mãe adotiva", "*den mother*", "madre superiora" etc. são todos membros do mesmo conjunto.

Mas se uma mulher é a genetriz e também desempenha um papel maternal, ela é a "mãe" do filho, e isso também vale se ela não for a genetriz, mas desempenhe o papel maternal depois de ter legalmente adotado a criança. Aqui, não há uma modificação que especifique qual elemento, ou se ambos estão implicados. Isso também é verdadeiro para o termo "pai". "Pai" pode ser utilizado para genitor e para sacerdote[15]; o primeiro é um parente, o segundo não. "Tio" e "tia" podem ser utilizados para o irmão de um pai ou para um amigo de um pai; os primeiros são parentes, os segundos não. "Irmã" pode ser utilizado para uma irmã de sangue e para uma mulher de estatuto levemente inferior; a primeira é uma parente, a segunda não. "Irmão" pode ser utilizado para um irmão de sangue e para um membro masculino de igreja ou loja maçônica; o primeiro é um parente, o segundo não. "Filho" pode ser utilizado para o próprio filho de Ego e para qualquer homem mais jovem; o primeiro é um parente, o segundo não. "Filha" pode ser utilizado para a própria filha de Ego e para qualquer mulher mais jovem; a primeira é uma parente, a segunda não.

A utilização de termos paternais por um marido e uma esposa entre si, tanto onde crianças são relevantes quanto onde não são, é um exemplo particularmente bom do fato de que termos de parentesco podem ser utilizados para invocar um

---

13. Literalmente, "mãe da toca". Em português, o termo seria "chefe das bandeirantes" [N.T.].

14. Literalmente, "mãe da casa". Em português, o termo seria "encarregada do dormitório" [N.T.].

15. Isso é muito mais incomum (apesar de possível) em português, onde existe o termo "padre", específico para sacerdotes [N.T.].

papel particular, pois esse é um de seus significados, e os termos podem ser utilizados com referência apenas a esse significado. Um homem que diz para seu próprio filho pequeno "Dê isto para a mãe" faz isso para invocar o papel de mãe, definindo a identidade daquela mulher como a de uma mãe. O mesmo homem que diga para a mesma criança pequena "Não vou deixar você tratar minha esposa desse jeito, garoto" invoca agora suas próprias obrigações para sua esposa e define a identidade dela como pessoa como a de sua esposa, e não como a da mãe da família.

Se os termos de parentesco não são necessariamente termos para parentes, então o que é um termo de parentesco e como podemos distinguir um termo de parentesco de qualquer outro tipo de termo? A característica distintiva dos termos de parentesco na cultura americana, em oposição a qualquer outro tipo, é que os termos de parentesco têm como um de seus muitos significados o relacionamento biogenético ou o código de conduta do parentesco (ou seja, a solidariedade duradoura difusa) ou ambos. Outros termos não contêm esses significados como suas características definidoras ou distintivas. Por exemplo, termos de amizade podem ser comparados com termos de parentesco e distinguidos deles pelo fato de que os termos de amizade excluem o relacionamento biogenético como uma característica definidora, e pelo fato de que a solidariedade difusa, que é uma característica dos termos de amizade, não é *necessariamente duradoura* como parte das características distintivas de sua definição. Ao contrário, sua solidariedade é contingente. Isto se segue do fato de que o código de conduta do parentesco é definido em termos do símbolo da unidade biogenética que é definida como duradoura, e esse símbolo biogenético está ausente da amizade, como definida na cultura americana.

Para resumir, o fato de que a esposa do tio e o marido da tia são chamados de "tia" e "tio" significa apenas que algum tipo de papel de parentesco é invocado para eles. Eles podem ou não ser considerados parentes, pois como eles são chamados e se são ou não contados como parentes são perguntas diferentes. Do mesmo modo, então, é possível, no parentesco americano, encarar uma pessoa como um parente, mas não encontrar um termo de parentesco associado a ela. Esse é o caso para alguns informantes em relação ao cônjuge de um primo que não é chamado de "prima", o cônjuge do filho do irmão do cônjuge para quem o termo "sobrinho" ou "sobrinha" é invocado apenas ocasionalmente, e assim por diante. Essas pessoas seriam todas construídas normativamente a partir dos elementos que constituem a classe geral de parentes por casamento ou por afinidade, enquanto os outros elementos de sua construção como uma pessoa seriam definidos por sua idade, seu sexo, sua posição de classe, e assim por diante.

VII

Isso ainda não nos conta tudo que precisamos saber para compreender parentes por casamento ou por afinidade ou a esposa do tio ou o marido da tia em particular. Há um tipo muito especial de unanimidade nas respostas dos informantes que ainda não foi explicado. Os informantes quase sempre dizem que a esposa do tio e o marido da tia *deveriam* ser chamados por termos "tia" e "tio", ou que eles próprios fazem isso ou já fizeram isso, ou que seus pais os instruíram a fazer isso, ou que é apenas depois do sobrinho ou sobrinha crescer – e, mesmo assim, nem sempre – que utilizar apenas o primeiro nome poderia ser aceitável. Isso está em forte contraste aos termos para o cônjuge do primo, o cônjuge de um sobrinho ou sobrinha, ou o cônjuge do filho de um irmão do cônjuge. Nessas situações, os informantes muitas vezes simplesmente dizem que não existem termos para esses parentes, ou que eles os chamam de "primo" ou "sobrinho" ou "sobrinha", mas que não é necessário fazê-lo. A aplicação consistente dos termos "tia" e "tio" para a esposa do tio e o marido da tia, então, contrasta fortemente com as normas alternativas para o cônjuge do primo, o cônjuge de um sobrinho ou sobrinha, ou o cônjuge do filho de um irmão do cônjuge.

Agora vamos virar o assunto do avesso. Em vez de perguntar sobre termos de parentesco, tratemos dos termos que são utilizados para pessoas que são, num ou noutro sentido, parentes. Aqui, novamente, podemos fazer essa pergunta na forma que a cultura americana a coloca: Quem chama a "quem" "do quê"?

Os termos para parentes consistem em termos de parentesco de algum tipo (mãe, mamãe, papaizinho, tio etc.), ou em termos que não são de parentesco. Esses que não são de parentesco podem ser nomes, palavras ou expressões (Jack, Smith, garoto, senhor, velho, a velha senhora etc.). Uma terceira categoria é formada pela combinação das duas primeiras (Tio Jack, Vovó Smith, Irmã Sue).

Os próprios termos de parentesco são de dois tipos: os termos formais utilizados formalmente, e os termos informais utilizados informalmente. Esse segundo tipo também pode ser descrito como formas "íntimas"[16]. Assim, "pai" é formal, "papai" é informal ou íntimo; "avó" é formal, "vovozinha" é informal.

Os nomes, palavras e expressões também se dividem do mesmo modo em formas formais e informais ou íntimas. Primeiros nomes são informais e íntimos, em oposição a sobrenomes formais. Mas os primeiros nomes também podem ser formais e informais, de modo que John é a forma formal e Johnny a forma informal. Títulos são formais; certas palavras e expressões não são. Senhor e doutor são formais; velho e chefe não são.

Isso basta para o "do quê". Ambos os "quem" se dividem entre aqueles que são iguais e aqueles que não são. Não devemos confundir "iguais" com "os mes-

---

[16]. Cf., nesta conexão, FRIEDRICH, P. "Structural Implications of Russian Pronominal Usage". In: BRIGHT, W. (ed.). *Sociolinguistics*. Den Haag: Mouton, 1966, p. 214-259. Cf. tb. BROWN, R. & FORD, M. "Address in American English". *Journal of Abnormal and Social Psychology*, 62, 1961, p. 275-385.

mos". Irmãos podem ser iguais e os mesmos; um irmão e uma irmã são iguais, mas não são os mesmos.

O uso simétrico é a marca da igualdade. Primos que são iguais podem se chamar por seus primeiros nomes, por apelidos, ou por uma combinação de termo de parentesco e primeiro nome (como em "Prima Jane"). Quando dois casais, cujos filhos dizem que pretendem se casar, se conhecem pela primeira vez, se eles se consideram iguais ou pelo menos desejam proceder com base nessa suposição manifesta, podem ser apresentados um ao outro e tratar um ao outro simetricamente por seu título-mais-sobrenome. Assim, eles serão apresentados como Sr. e Sra. Sobrenome e se chamarão por essa forma simétrica. O marido e a esposa podem utilizar apelidos, termos de carinho, ou termos que servem para tudo, como "querido"; ou eles podem, num contexto mais vitoriano, utilizar formalmente Sr. e Sra. ou Doutor e Sra. entre si, quando se tratam como iguais. Devemos notar especialmente que dois termos formais diferentes podem ser simétricos (ou iguais), mas diferentes, em vez de serem assimétricos.

O uso assimétrico é uma marca da desigualdade. Quando uma pessoa demonstra respeito para a outra, uma é mais velha e a outra mais jovem, ou uma é superior e a outra inferior, ele marca a distância entre os desiguais. No uso assimétrico, o mais velho tem o direito de esperar que o mais novo utilize formas respeitosas, enquanto o mais velho tem o direito de utilizar formas íntimas, informais e pessoais.

O exemplo mais óbvio são os usos de pais-filhos. Um pai pode tratar o filho por seu primeiro nome, mas certos cânones de polidez requerem que o filho o chame de "pai". Uma variante pode ser aquela em que o filho chama o pai de "papai"; em outra variante, o pai não trata o filho por seu primeiro nome formal "John", mas pelo seu apelido, "Jack". (Isso não significa que o *único* modo de marcar o respeito para alguém mais velho seja através da utilização de formas assimétricas. A terminologia pode ser simétrica e o respeito pode ser indicado por outros modos.)

Outros exemplos surgem imediatamente. Termo-de-parentesco-mais-primeiro-nome e primeiro nome é bastante comum. Aqui pode ser Tio John-James; Pai John-Mary; Avô Jones-Susan, e assim por diante. Cada termo na equação pode, obviamente, variar nas formas que já foram indicadas acima (vô, vovô, vovozinho etc.).

Nos usos assimétricos, o superior tem direito de controlar qualquer mudança no arranjo, e mudanças só podem ser feitas apropriadamente a partir da iniciativa do superior. Como eu já notei, por exemplo, quando um garoto cresce e se sente adulto, e o irmão de sua mãe reconhece esse estado de coisas, este pode sugerir ser chamado de "Bill" ao invés do velho "Tio Bill"; ou, se seu sobrinho tentar fazer isso delicadamente, ele pode dar sua permissão para a mudança. Quando uma sogra sugere ser chamada de "Mary" ao invés de "Sra. Jones" por seu genro, a mesma coisa acontece. Aqui também o genro pode tentar fazer isso delicadamente, mas o direito de permitir ou não é dela. O período de transição da época em que o genro em potencial a trata como "Sra. Jones" para a época em que ela inicia a mudança para "Mary" pode ser ocupado por um período de tratamento suspenso ou de não utilização de nomes, onde o genro se esforça para evitar a forma "Sra. Sobrenome" por ser formal e desajeitada demais, mas ainda não obteve permissão para usar a forma informal e íntima do primeiro nome.

Os dados problemáticos que requerem alguma explicação incluem a unanimidade da insistência dos informantes de que a esposa do tio e o marido da tia são "tia" e "tio", respectivamente. Isso requer alguma explicação, já que parentes em categorias comparáveis parecem ser governados por normas alternativas que tornam uma escolha pessoal o fato de serem primos, sobrinhos ou sobrinhas. Como esse segundo tipo de respostas dos informantes – que normas alternativas governam essa situação – é consistente com todo o resto que sabemos sobre o sistema de parentesco americano, os dados que são inconsistentes e devem ser explicados são, paradoxalmente, aqueles quanto aos quais os informantes concordam quase totalmente; a saber, que a esposa do tio é apropriadamente chamada de "tia", e que o marido da tia é apropriadamente chamado de "tio".

Do que essas pessoas são chamadas, quais são os termos de parentesco apropriados para elas, e em quais termos elas são pensadas são perguntas distintas e diferentes de como elas são classificadas, ou que tipos de pessoas elas são. Já indiquei que, no nível dos tipos de pessoas, normas alternativas governam sua construção como parentes. Essa é uma questão de escolha entre duas formas: primeiro, se elas devem ser contadas como parentes por afinidade, e segundo, se devem ser contadas como parentes ou não.

Do que elas são chamadas, ou quais são os termos de parentesco apropriados para elas, depende de quem as está chamando, como afirma a fórmula enunciada pelos informantes. (Quem chama quem do quê?) Os termos de parentesco são utilizados como demarcadores de equivalência e diferença de *status*, de modo que se a pessoa que os está chamando é mais nova que eles, e a única ligação com eles é que eles estão casados com um parente de sangue, então eles devem ser tratados com respeito, e a forma respeitosa é assimétrica. Essa forma é o termo de parentesco mais o primeiro nome. A pessoa mais velha é chamada de "tio" ou "tia" mais o primeiro nome, e a mais nova é tratada apenas pelo primeiro nome.

Entretanto, a forma muda quando os fatos são inconsistentes. Quando a pessoa – seja ela a irmã do pai ou cônjuge da irmã do pai – pode ser considerada de idade igual, a utilização simétrica do primeiro nome é a forma apropriada. Quando a pessoa – irmã do pai ou cônjuge da irmã do pai – tem um relacionamento carinhoso, amigável e igualitário, a utilização simétrica do primeiro nome pode ser uma das formas apropriadas. Quando Ego agora está maduro e não é mais uma criança e esse fato é honrado (ao invés do fato de que a diferença etária ainda é considerável, o que também pode ser verdade), então a utilização simétrica do primeiro nome pode ser uma das formas apropriadas. Quando a pessoa – irmã do pai ou cônjuge da irmã do pai – é distante, hostil, não respeitada, então ou a utilização antagônica do primeiro nome ou a não utilização de nomes podem ser as formas apropriadas de marcar a situação.

Para resumir, seria bom voltarmos para a primeira pergunta colocada ao lidar com termos de parentesco neste capítulo. Será que uma esposa de um tio ou um marido de uma tia são contados como parentes *porque* é apropriado chamá-los de "tia" e "tio", respectivamente? A resposta é simples: não; esse não é o caso de modo algum. Os termos de parentesco são utilizados como demarcadores de *status* num dos aspectos especiais da regra mais geral que afirma que eles marcam um código de conduta, um padrão de comportamento, um tipo de relacionamento. A diferença ou equivalência de *status* é simplesmente um tipo especial de relacionamento entre pessoas que podem também ter um relacionamento de parentesco. O parente como uma pessoa não é apenas alguém com quem existe um relacionamento de solidariedade duradoura difusa. O parente como uma pessoa também é composto de outros elementos. Ele pode ser igual ou desigual devido à sua idade ou algum outro atributo; ele será homem ou mulher, e assim por diante. Quando ele é mais velho em algum respeito, ele exige tratamento respeitoso, e a marca do respeito para o cônjuge do irmão de um pai é a utilização de formas termo-de-parentesco-mais-primeiro-nome, ligadas assimetricamente à forma recíproca de primeiro-nome; "Tio Bill" e "John"[17].

---

17. Compare com LOUNSBURY, F.G. "Another View of the Trobriand Kinship Caregories". In: HAMMEL, E.A. (ed.). "Formal Semantic Analysis". *American Anthropologist*, 67 (5), 1965, parte 2, p. 162-167. • LOUNSBURY, F.G. "A Formal Account of the Crow- and Omaha-Type Kinship Terminologies". In: GOODENOUGH, W.H. (ed.). *Explorations in Cultural Anthropology*. Nova York: McGraw-Hill, 1964, nota de rodapé 21. • GOODENOUGH, 1965. Op. cit. Goodenough trata a esposa do tio e o marido da tia como *necessariamente* parentes por casamento. Ele reconhece, mas não resolve um problema com o cônjuge do tio, tia ou avô divorciado ou viúvo. Fica claro, a partir de sua exposição, que o cônjuge do primo, o cônjuge de um sobrinho ou sobrinha e o cônjuge do sobrinho ou sobrinha de um cônjuge não estão incluídos nos significados de nenhum dos termos de parentesco que ele lista e nem são considerados parentes por casamento. Como já indiquei, o padrão dele certamente é um dos padrões alternativos que podem ser encontrados nos Estados Unidos e seus dados são, portanto, perfeitamente bons para esse propósito. Mas, num nível teórico, não fica claro por que ele não consegue resolver o *status* ambíguo do segundo cônjuge (ou posterior) de uma tia, tio ou avô e por que ele não investigou além da declaração direta de seus informantes que um marido de uma tia e esposa de um tio são respectivamente *tio* e *tia*, e que eles são parentes por casamento. Pois é claramente inconsistente que eles sejam *tio* e *tia* quando o cônjuge do primo não é *primo* e a cônjuge do filho não é *filha*. O que eu sugeri acima é, e eu sugiro explicitamente mais uma vez aqui, particularmente verdadeiro para informantes como os de Goodenough. A esposa

6
Conclusão

I

O relacionamento entre o homem e a natureza na cultura americana é ativo. Seu objetivo não é um equilíbrio entre forças opostas, pois não se considera que o lugar do homem é aceitar o destino que a natureza definiu para ele. Em vez disso, o lugar do homem é dominar a natureza, controlá-la, utilizar os poderes da natureza para seus próprios fins. Não importa se isso é feito através da prevenção e cura de doenças, da construção de pontes sobre grandes rios, ou da conquista do espaço. Na cultura americana, o destino do homem é visto como um destino que segue a injunção: Domine a natureza! Sua ciência, sua tecnologia e muito de sua vida se dedicam a essa tarefa.

Mas as coisas são diferentes no lar. Quando se trata do parentesco e da família, a cultura americana parece virar as coisas de pernas para o ar. Pois essa é uma parte da natureza com a qual o homem está em paz e em cujos termos ele se contenta em encontrar seu destino. O que existe na natureza, dizem as definições da cultura americana, é o que o parentesco é. O parentesco é o relacionamento de sangue, o fato da substância biogenética compartilhada. O parentesco é o laço de carne e osso da mãe com seu filho, e seu instinto materno é seu amor por ele. Isso é a natureza; essas são coisas naturais; esse é o modo da natureza. Ser diferente é não ser natural, é ser artificial, contrário à natureza.

---

do tio recebe *tia* como uma forma de respeito, o marido da tia recebe *tio* como uma forma de respeito, e essa forma de respeito, além do papel de parentesco que está implicado, são impostos a crianças que, quando atingem a idade do consentimento (ou até antes disso), podem simplesmente descartar o relacionamento e as formas implicitamente, se não abertamente, e terminar o relacionamento. Portanto, de modo simples, o erro de Goodenough é um erro etnográfico porque ele não conseguiu obter *todas* as informações relevantes, e um erro teórico porque ele não conseguiu integrar *todas* as informações relevantes a seus construtos teóricos. A inclusão dos tipos de parentesco MoSiHu, FaSiHu sob o termo de parentesco *tio* e MoBrWi e FaBrWi sob o termo de parentesco *tia* sem nenhuma qualificação ou explicação posteriores é um erro etnográfico que parece ditado pela Teoria da Análise de Componentes, e não pelo peso total da informação que poderia ser obtida de seu informante. Exatamente a mesma crítica precisa ser estendida também a Lounsbury, pois ele nunca descobre de seus informantes se a regra de parentes *step-* é realmente um fato etnográfico da cultura que ele analisa ou uma distorção teórica que ele impõe aos fatos etnográficos.

Ainda assim, na cultura americana o homem é definido como sendo uma parte da natureza, obedecendo às leis da natureza como todas as outras coisas. A antítese do primeiro parágrafo é, portanto, negada no segundo. Mas ambos os parágrafos são verdadeiros na cultura americana, e ambos representam a cultura americana de modos muito importantes.

Apesar de eu ter colocado esse conjunto de contradições nos termos mais gerais e no nível mais geral, as mesmas contradições ocorrem no nível de assuntos muito específicos entre o parentesco e o resto da cultura americana.

A sexualidade na cultura americana é um bom exemplo. De todas as formas de sexualidade das quais os seres humanos são capazes, apenas uma é legítima e apropriada de acordo com os padrões da cultura americana: relações heterossexuais, de genital com genital, entre marido e esposa. Todas as outras formas são impróprias e consideradas moralmente erradas (cf. nota de rodapé 4, cap. 3).

O homem, então, se defronta com um conjunto de possibilidades em sua própria natureza que ele precisa dominar. Ele deve controlá-las para que ele determine o destino delas; elas não devem estar livres para determinarem o destino dele.

Mas as relações heterossexuais, de genital com genital, entre marido e esposa são definidas como o estado de coisas natural, o modo que é e o modo que deve ser. Como o próprio estado da natureza, ele *é* o casamento. E ele é bom, gratificante, recompensador. Como eu disse acima, citando o que acredito ser a máxima afirmada culturalmente: ele deve *ser* divertido, mas não é *para* a diversão. De fato, qualquer outra coisa, de qualquer outro modo, e com qualquer outro objetivo é definida na cultura americana como não natural.

A antítese entre homem e natureza é resolvida no nível imediatamente seguinte pela premissa de que o homem é apenas uma parte especial da natureza. Mas se o homem é visto como uma parte da natureza, então a antítese surge num nível bastante diferente da cultura americana. Essa antítese se torna uma antítese entre duas partes opostas da própria natureza, uma que é definida na cultura americana como animal, e a outra que é humana (ou do homem). O que é distintamente humano, em oposição ao animal, é a razão ou inteligência. Mas a inteligência não é algo em si mesma, que existe sozinha e separada de todas as outras coisas. Ela é uma parte da natureza, e é um atributo daquela parte da natureza que a cultura americana define como animal. Assim, novamente a antítese entre homem e animal é resolvida no nível imediatamente seguinte pela premissa de que o homem é apenas um tipo especial de animal, e sua inteligência é apenas um tipo especial de inteligência animal. O que é do homem é a capacidade de raciocinar, afirma a premissa da cultura americana, contra a irracionalidade do animal.

E assim surge outra contradição, pois parece claramente dado na cultura americana que a razão ou inteligência humanas afastam-se do que é animal na natureza, e, portanto, afastam-se ao mesmo tempo do que é natural. A razão seleciona o bom e rejeita o mau na natureza, e a razão inventa modos, costumes, regras, leis.

A cultura americana postula um relacionamento direto entre a extensão da ação da inteligência e a distância do produto em relação ao estado de natureza. Para colocar isso de modo um tanto diferente, quanto mais a razão humana trabalha, menos sobra da natureza. O efeito da razão e da inteligência é descrito como "culto", "sofisticado", "artificial", "não natural"[1].

Em qualquer nível que analisemos, então, permanece uma contradição entre o homem e a natureza. Ou é o homem contra a natureza diretamente (como na luta do homem contra as doenças), ou o homem como uma parte da natureza contra a parte animal da natureza (como na sexualidade), ou a razão do homem contra a natureza animal irracional.

A contradição entre as partes boas e más da natureza, contidas no homem como um animal e como parte da natureza, e a contradição entre o fato de que se um homem se afastar demais da natureza o resultado só poderá ser ruim (não natural) são resolvidas através da ordem da lei.

De acordo com os postulados da cultura americana, a ordem da lei é o resultado da ação da razão humana sobre a natureza. O bom é selecionado, descoberto, escolhido; regras e regulações (a ordem da lei) são estabelecidas para manter e perpetuar o bom. Não importa se isso ocorre no nível da descoberta da cura ou prevenção de uma doença ou no nível da rotinização (através de regras) da cura ou da prevenção dessa doença. Mas isso também pode ocorrer de outro modo, através da invenção de algum modo costumeiro ou apropriado de se comportar. Regras são feitas, no sentido de inventadas, exatamente para esse propósito. E assim o governo é considerado, na cultura americana, o formulador de leis e regras sob a luz da razão.

Portanto, a noção de cultura do antropólogo não é tão diferente da noção da ordem da lei do americano. Sendo assim, então a questão não é de modo algum da cultura *contra* a natureza, nem da cultura *contra* o homem. Nos Estados Unidos, é a ordem da lei, ou seja, a cultura, que resolve as contradições entre o homem e a natureza, que são contradições dentro da própria natureza.

Sugiro que é dentro do esquema da própria cultura americana que se compreende melhor o parentesco americano como um sistema cultural. É por isso que num sentido a "família", na cultura americana, *é* simplesmente o estado de coisas biológico natural que se centra na reprodução. O casamento, em seu sen-

---

1. Portanto, "não natural" é utilizado para significar tanto longe da natureza, planejado, sem nenhuma base na natureza, quanto também aquela parte da natureza que é errada, ruim, maligna ou repulsiva à razão humana, como nos atos sexuais "não naturais".

tido mais limitado, *é* a união sexual. O par reprodutor, vivendo junto com seus filhos, *é* a família.

Entretanto, por mais natural que isso seja, isso não se distingue de qualquer modo do animal, e é por isso, obviamente, que os americanos veem um par de lobos com seus filhotes em uma caverna como uma família.

É a ordem da lei, baseada na razão, que imediatamente distingue o humano do animal, mas mantém tudo isso dentro do reino da natureza e baseado na natureza. Isso ocorre quando a razão regula, quando as sensibilidades humanas definem o tipo apropriado de união sexual entre todos os tipos possíveis, quando a inteligência humana escolhe e define o tipo apropriado de comportamento entre o genitor e o descendente. Pois então existe aí o domínio da natureza através das próprias leis da natureza, selecionadas humanamente e ordenadas inteligentemente, que constitui o ideal da cultura americana. É a ordem da lei, baseada na razão e na natureza, que, combinada com a natureza, é o arranjo mais poderoso e mais aproximadamente ideal na definição da cultura americana.

A classificação dos parentes no parentesco americano é construída a partir do mesmo conjunto de premissas configurado no mesmo relacionamento entre si. O parente por natureza está num extremo, o parente por afinidade está no outro. O primeiro é apenas um relacionamento da natureza, por mais fundamental que seja. O segundo é apenas um conjunto de regras ou regulações artificiais para a conduta, sem base substantiva ou natural. Mas o parente de sangue, relacionado pela natureza e pela lei, junta o melhor da natureza modificado pela razão humana; ele é assim o parente no sentido mais verdadeiro e mais altamente valorizado[2].

II

Coloquei as relações entre o homem e a natureza como definidas na cultura americana como um conjunto de contradições que são resolvidas de vários modos. Mas as relações diferentes entre o homem e a natureza podem ser enunciadas de um outro modo que é igualmente verdadeiro, mas tem uma significância, de alguma forma, diferente.

---

2. Já discuti outros conjuntos de contradições e suas resoluções que interseccionam as contradições nas quais eu me concentrei nesta seção: a contradição estabelecida em termos de lugar entre o trabalho e o lar, resolvida pelas férias; e a contradição estabelecida em termos de código de conduta entre a família (ou parentesco) e o trabalho, resolvida pela amizade. Essas duas contradições, por sua vez, distinguem entre a substância e a ação, entre a natureza física como objetiva e a ação como subjetiva. Essa distinção parece estar elaborada sistematicamente por toda a cultura americana. Assim como a substância e o código de conduta são distintos no parentesco americano, também o trabalho como um lugar e o trabalho como uma forma de atividade são distintos. Às vezes essa distinção é marcada pela forma gramatical, como com amigo e amizade, parente e parentesco. Mas isso nem sempre ocorre – como com o trabalho, que é tanto lugar quanto atividade.

A categoria formal da natureza, como definida na cultura americana, inclui dentro dela tanto o homem quanto o animal. Mas, em outro contexto, o significado da palavra "homem" é diferenciado fortemente da categoria da natureza, e colocado separado dela.

Esse padrão é o mesmo que aquele para a categoria "parente", onde, num significado, a palavra é utilizada para incluir qualquer um relacionado por sangue ou casamento, e onde, por outro lado, a palavra é reservada apenas para parentes de sangue e justaposta para parentes por afinidade. Relatei isso acima como a situação onde é igualmente possível que uma pessoa diga que sua esposa (ou marido) é um parente porque ela (ou ele) é um parente por afinidade, e dizer que sua esposa (ou marido) *não* é um parente porque ela (ou ele) é um parente por afinidade.

O mesmo padrão ocorre com o termo "família", que pode significar tanto a unidade de marido, esposa e filho/filha quanto a agregação de todos aqueles que são parentes, ou pode ser reservado apenas para a unidade de marido, esposa e filho/filha.

A categoria do sangue também segue esse padrão. Ela não apenas significa a coisa vermelha que corre nas veias, mas também a combinação de substância e código de conduta que aqueles que compartilham a coisa vermelha, os parentes de sangue, devem ter. Num sentido, seu significado é reservado ao da substância, no outro ele inclui tanto a substância quanto a lei.

É claro que cada um dos termos de parentesco para parentes de sangue também segue esse padrão, de modo que "pai" é tanto o genitor quanto o papel paterno, ou seu significado se restringe apenas a genitor.

Assim, também, a noção de distância pode ser física, socioemocional e genealógica, contra seu significado restrito a apenas genealógica.

Finalmente, o exemplo mais importante é a distinção fundamental no parentesco americano entre o parente como uma pessoa e as características distintivas que definem a pessoa como um parente. Elas constituem dois sistemas principais, um deles restrito a um conjunto de características distintivas, definido e diferenciado por um único símbolo, e o outro, a personificação em termos passíveis de ação de vários sistemas simbólicos diferentes, incluindo o primeiro.

Ao reafirmar esse padrão a partir daquele de um conjunto de contradições com uma resolução ao padrão de um sistema de categorias marcadas e não marcadas[3] que se entrelaçam e se sobrepõem, não é minha intenção negar agora que em algum aspecto importante essas categorias também são contradições, e que elas são na verdade resolvidas pelo modo sugerido. Mas deve estar claro que elas são, ao mesmo tempo, categorias culturais cujo valor, marcado e não marcado, é igualmente verdadeiro.

---

3. GREENBERG, J. *Language Universals*. Den Haag: Mouton, 1966. Embasei minha discussão no desenvolvimento de Greenberg do conceito de categorias marcadas e não marcadas.

Realmente, o fato de que elas existem *tanto* como um sistema de contradições e sua resolução *quanto* como um sistema de categorias marcadas e não marcadas no parentesco americano enquanto um sistema cultural é o fato crucial. Pois é precisamente esse fato que possibilita resolver aquele que considero o problema mais fundamental e mais difícil na análise do parentesco americano. Esse é o problema apresentado pelo grande âmbito de variação em quase todos os níveis.

Eu digo "quase todos os níveis" porque em um nível, o das características distintivas, não há variância, enquanto em todos os outros níveis a variância é grande.

O primeiro passo para resolver o problema da variância no sistema de parentesco americano consiste em reconhecer que há na realidade dois sistemas operando, e que esses dois sistemas estão intimamente articulados, mas não são de modo algum idênticos.

Ou, colocando em termos operacionais, o primeiro passo para resolver o problema da variância no sistema de parentesco americano consiste em *ouvir os informantes*.

No começo, os informantes geram algo que o ouvinte pode interpretar apenas como barulho, mas logo o barulho muda para algo que é melhor descrito como uma linguagem confusa. Os informantes parecem incapazes de utilizar palavras com precisão, de dizer o que querem dizer ou de querer dizer o que dizem. Um ouvinte que acredite que as palavras têm significados precisos, claramente definidos e padronizados acha isso intensamente frustrante. As manipulações sutis que ocorrem quando as palavras "parente", "relacionado" e "relacionamento" são utilizadas são particularmente onerosas. Isso vale para qualquer palavra utilizada em conexão com o parentesco, de noções simples como "distância" até os termos de parentesco, como "tio" e "tia".

Mas logo fica claro que a linguagem confusa dos informantes não é nada mais do que as mesmas palavras, ora em seus significados marcados, ora nos não marcados; os próprios informantes não estão totalmente conscientes do fato de que eles variam os usos, às vezes no meio de uma sentença. Assim, alguns informantes podem começar uma sentença com a palavra "mãe" significando genetriz e terminá-la utilizando "mãe" como um verbo.

O primeiro passo, então, consiste em fazer a distinção entre o parente como uma pessoa e as características distintivas que definem a pessoa como um parente. Isso simplesmente separa o sistema de características distintivas do sistema de definições centradas na pessoa.

Demonstra-se que esse primeiro passo é válido não apenas pelo fato de que os próprios dados são divididos facilmente dessa forma, mas, o que é mais importante, também pelo fato de que uma vez feita a distinção, pode-se ver que não há variância quando se trata das características distintivas; toda a variância ocorre em relação ao sistema centrado nas pessoas. A presença ou ausência de variância é assim uma marca de distinção dos dois sistemas.

A variância que está associada ao sistema centrado na pessoa é de dois tipos diferentes. Um consiste no fato de que os dados imediatos que o observador encontra são decisões específicas que pessoas tomaram sobre pessoas específicas sob circunstâncias especiais onde o próprio sistema permite uma grande variedade de modos alternativos de ação legítima. Já desenvolvi esse ponto detalhadamente nos capítulos 4 e 5, e é suficiente simplesmente repetir aqui que esse conjunto de dados diversos depende em parte do fato de que as palavras e categorias diferentes do parentesco americano têm vários significados diferentes (polissemia); de que esses significados diferentes podem se distribuir como categorias marcadas ou não marcadas, ou como contradições e resoluções; e de que o ator é livre para escolher qual dos muitos significados nesse conjunto ele empregará.

O segundo tipo de variância está no nível dos construtos normativos diferentes do parente como uma pessoa. A questão fundamental que esse tipo de variância coloca é aquela que eu formulei na Introdução, a saber, se existe um único sistema de parentesco americano, talvez com formas variantes associadas a um ou outro grupo étnico, religioso, de classe ou regional, ou se na realidade existem muitos sistemas diferentes, que são mantidos juntos simplesmente pela moldura dos Estados Unidos como uma unidade geográfica e política.

A resposta agora parece clara. O sistema de características distintivas, definido e diferenciado em termos de um símbolo central, constitui um núcleo firme e fixo que fornece a característica distintiva para todo tipo de pessoa. É ao redor dessas características fixas que ocorre a variação, e pelo menos nesse sentido pode-se dizer que existe um único sistema de parentesco americano[4].

Há uma outra razão para dizer que há um sistema, e não muitos: as formas variantes das definições normativas do parente como uma pessoa têm uma ordem definida e são integradas de acordo com alguma hierarquia de valores clara[5].

Todo construto normativo de um parente como uma pessoa começa com as características distintivas fixas. Assim, um pai é, na primeira instância, o genitor, e, como um parente ou membro da família, ele é guiado por considerações de solidariedade difusa duradoura, ou amor.

---

4. Se o sistema é ainda mais amplo e mais extenso do que apenas a cultura americana, permanecerá uma pergunta empírica aberta por enquanto.

5. Não desenvolvi sistematicamente esse ponto neste livro. Também não apresentei nenhum tratamento sistemático do problema de exatamente quais componentes de quais sistemas simbólicos que não são o parentesco são utilizados para compor a definição normativa do parente como uma pessoa na cultura americana. Portanto, o que se segue deve ser encarado com uma reserva maior do que a normal; ele será no máximo uma afirmação programática que poderá ser útil quando for analisada completamente.

Mas o pai enquanto uma pessoa tem uma posição de classe, e ele é do sexo masculino. Como esses componentes se distribuem? A masculinidade varia por posição de classe. O que é apropriado para uma pessoa do sexo masculino de classe alta que é um pai é diferente dos padrões apropriados para uma pessoa do sexo masculino de classe média que é um pai. Esses padrões, por sua vez, não são os mesmos padrões de comportamento de uma pessoa do sexo masculino de classe baixa que é um pai.

Então, num sentido muito importante, a variação naquilo que foi chamado "forma da família" consiste na variação no nível da família como um grupo de pessoas e na variação na definição normativa do parente enquanto um membro da família.

Essa variação, por sua vez, não depende da variação no componente do parentesco; isso é fixo e padronizado, já que consiste nas categorias distintivas. Em vez disso, essa variação depende de variáveis como a diferenciação de papéis sexuais do sistema de atributos sexuais, e da diferenciação de classes do sistema de estratificação. A variação na forma da família, então, é em grande parte uma questão de variação de classe e do atributo de papel sexual, e não do parentesco ou da família, e deve ser estudada como tal.

É precisamente porque um sistema de parentesco de núcleo único é o componente central de toda definição normativa do parente como uma pessoa que é possível dizer que existe um único sistema de parentesco para os Estados Unidos. E é exatamente pela mesma razão que as definições normativas variantes e variáveis podem ser encaradas como parte de um sistema, e não como muitos sistemas, pois o sistema de atributos sexuais ou de diferenciação de papéis sexuais tem seu próprio conjunto de características distintivas, que constitui um único sistema na cultura americana. O sistema de estratificação também faz parte de um único sistema.

III

Passo agora para a questão da relação sexual como o símbolo central do parentesco americano como um sistema cultural.

Será útil começar com algumas distinções simples. Primeiro, a relação sexual pode ser vista como um conjunto de *fatos biológicos*. Eles fazem parte do mundo. Eles existem, e eles têm efeitos.

Segundo, há certas noções e construtos culturais *sobre* fatos biológicos. O exemplo *par excellence* na cultura americana é as ciências da vida – biologia, zoologia, bioquímica, e assim por diante. Esse é um sistema cultural sintonizado explicitamente com esses fatos biológicos enquanto tais. Ele os descobre, os estuda, organiza o que ele considera como fatos em um sistema, mas ele ainda é um sistema de construtos culturais que não deve ser confundido com os próprios fatos biológicos. Fora da organização formal das ciências, também existem noções e crenças culturais *sobre* fatos biológicos. Em alguns casos, tanto a ciência formal quanto a etnociência informal são os mesmos. Ambas podem na verdade estar erradas sobre algumas questões, ambas podem na verdade estar certas sobre algumas questões, mas ambas servem como guias para as ações de pessoas que lidam de algum modo com esses fatos biológicos. Além disso, ambas são organizadas de modo a permanecerem sintonizadas com os próprios fatos biológicos; ou seja, ambas são modelos da realidade que consiste nos *fatos biológicos*. Portanto, há uma tendência muito forte – apesar de ela não ser executada perfeitamente, longe disso – de ajustar a cultura *aos* fatos e não vice-versa, e de mudar os construtos culturais quando eles não se conformam aos fatos. Esse é raramente um processo perfeito, por muitas razões que não precisam nos deter aqui.

Terceiro, há certas noções culturais que são colocadas, fraseadas, expressas, simbolizadas por noções culturais que *representam* fatos biológicos, ou que passam por fatos biológicos. A relação sexual e os elementos concomitantes que seriam fatos biológicos *enquanto forem relevantes ao parentesco* como um sistema cultural são dessa ordem. O parentesco *não* é uma teoria sobre a biologia, mas a biologia serve para formular uma teoria sobre o parentesco.

Entretanto, um exemplo muito mais simples para começar do que a relação sexual é a questão do coração; sua perda, seu rompimento, seu inchaço e seu sentimento.

Primeiro, existe o coração, um fato biológico. Segundo, existe um corpo de ciência e etnociência sobre o coração – que ele bombeia sangue e tem quatro câmaras, e assim por diante. E, terceiro, existe o momento de partir o coração quando um homem perde seu coração para a garota de seus sonhos, que termina o namoro, quebrando realmente seu coração. Ou ela pode não terminar o namoro, e o coração dele inchará de orgulho e alegria, enquanto ele declara seu amor – do coração, é claro – de um modo que ele espera que ela considere como vindo do coração. Vindo do coração, exatamente do mesmo modo quando ele coloca sua mão direita (ou seu chapéu) sobre seu coração quando a bandeira americana passa durante um desfile, ou quando ele jura sua fidelidade à bandeira americana.

Esse não é um conjunto de fatos biológicos. Também não é uma teoria *sobre* fatos biológicos, e nenhuma pesquisa sobre o coração jamais teve algum efeito sobre essa coleção particular de construtos culturais que representam o coração. Não importa muito agora se esses construtos já foram considerados fatos biológicos ou se outrora acreditava-se que a fonte das emoções era o órgão biológico.

Mas o coração é um ótimo exemplo porque ele é um péssimo exemplo. Para o nativo, há um mundo de diferença entre o fato biológico do coração e a ideia de um coração partido. O coração, nesse contexto, é no máximo uma metáfora, e todos que o utilizam dessa forma sabem que ele é uma metáfora. A simples distinção entre *heartache* e *heartburn*⁶ destaca essa qualidade metafórica muito claramente, pois o primeiro *representa* um estado emocional, o segundo *é* puramente gástrico e completamente somático. Na cultura americana, o parentesco *é* biologia; o coração partido e a azia não são.

Tanto do parentesco e da família na cultura americana é definido como sendo a própria natureza, exigido pela natureza ou determinado diretamente pela natureza que é muito difícil, na verdade, muitas vezes impossível, que os americanos enxerguem isso como um conjunto de construtos culturais e não como os próprios fatos biológicos. Eles veem os fatos da carne e osso como os fatos pertinentes, os fatos que contêm a identidade real do pai e do filho, que contêm a força que compele o sentimento profundo e o amor entre os dois, e que tornam isso "simplesmente natural". "O leite da bondade humana" é uma metáfora para os americanos, mas não é uma metáfora vazia como o coração. Pois sem o leite, dado bondosamente, nenhum filho sobreviveria.

Esses fatos biológicos, os pré-requisitos biológicos da existência humana, existem e permanecem. A criança não vive sem o leite da bondade humana, tanto como alimento quanto como proteção. A criança também não existe, exceto através do óvulo fertilizado que, tirando os casos raros de inseminação artificial, é o resultado da relação sexual. Esses são fatos biológicos. Eles são fatos da vida e fatos da natureza.

Existe também um sistema de construtos na cultura americana sobre esses fatos biológicos. Esse sistema existe num relacionamento ajustado e ajustável aos fatos biológicos.

Mas esses mesmos construtos culturais que representam esses fatos biológicos têm uma outra qualidade. Eles têm, como um de seus aspectos, uma qualidade simbólica, que significa que eles representam algo diferente do que eles são, além e a mais de sua existência enquanto fatos biológicos e enquanto construtos culturais sobre fatos biológicos. Eles servem, nesse respeito, como símbolos precisamente porque não há nenhuma relação necessária ou intrínseca entre eles e o que eles simbolizam.

Então o que simbolizam os construtos culturais que representam os fatos da relação sexual?

Eles simbolizam a solidariedade duradoura difusa. Simbolizam os tipos de relações interpessoais que os seres humanos, enquanto seres biológicos, *precisam*

---

6. Em português perde-se o caráter metafórico desejado pelo autor aqui. "*Heartache*", literalmente "dor no coração", normalmente é traduzido por "angústia" ou "pesar", enquanto "*heartburn*", literalmente "queimadura no coração", é traduzido por "azia" [N.T.].

ter se quiserem nascer e crescer. Eles simbolizam a confiança, mas um tipo especial de confiança que não é contingente e que não depende da reciprocidade. Representam o fato de que o nascimento sobrevive à morte, e de que a solidariedade *é* duradoura. E eles representam o fato de que o homem pode criar, por meio de seu próprio ato e como um ato da vontade, e não é simplesmente um objeto da misericórdia irracional da natureza.

Exatamente do mesmo modo que a reprodução é um conjunto de fatos biológicos que é um pré-requisito da continuidade da sociedade como um corpo de pessoas, também a solidariedade duradoura difusa é um pré-requisito social e psicobiológico da continuidade tanto da sociedade quanto de sua cultura.

Mas como isso pode ser expresso? Como isso pode ser dito? Como se pode colocar isso para que possa guiar as ações e mostrar os caminhos para as pessoas seguirem? Se essas coisas precisam ser feitas de alguma forma, que regras precisam ser estabelecidas para garantir que elas sejam feitas, já que as pessoas não têm os padrões instintivos das formigas? Elas precisam aprender o que elas gostam de pensar que são seus instintos. E, portanto, é necessário um modelo, um modelo para se viver.

Que modelo melhor que a relação sexual e seus elementos psicobiológicos concomitantes? Esses fatos biológicos são transformados, através da atribuição de significado, em construtos culturais, e eles então constituem um modelo para o *compromisso*, para a ligação apaixonada que é um lado da confiança, e para o único conjunto de condições irracionais e imoderadas que torna a "solidariedade" realmente solidária, e a torna duradoura e difusa.

7
Doze anos depois

I

Este livro, terminado em 1967, publicado em 1968 e reimpresso em 1980, marca um ponto importante numa empreitada maior. Ele representa meu primeiro trabalho de maior importância sobre dois interesses de longo prazo: o estudo da cultura americana e o desenvolvimento de uma teoria da cultura. Seu significado especial, para mim, é que ele junta ambos esses interesses em seu equilíbrio tradicional e apropriado, utilizando uma teoria explícita da cultura na análise de um corpo concreto de dados. A teoria sem dados e os dados sem teoria são inconcebíveis para mim, pois um sempre implica o outro. É fácil ver a teoria implícita em qualquer trabalho que afirma ser uma descrição pura; é mais difícil ver o corpo de dados implícito ao redor do qual uma teoria se desenvolve, mas, ainda assim, ele está lá.

Esta empreitada remonta aos meus dias de aluno de pós-graduação. Meu interesse em estudar a cultura americana começou no início dos anos de 1940, e meu interesse em desenvolver uma teoria da cultura que pudesse ser conciliada com a Teoria da Ação Social de Talcott Parsons começou quando eu retornei à pós-graduação em 1946, depois da Segunda Guerra Mundial. Não posso reivindicar nenhum recorde de velocidade. E não seria desmedido dizer que todos esses anos de esforço resultaram num livro muito pequeno.

Como eu relatei em "Do que trata o parentesco", percebi tarde demais que o título do livro estava errado, pois descobri que eu havia agarrado muito mais do que o parentesco americano. Num sentido, o livro tratava mais de certos postulados fundamentais da cultura americana do que do "parentesco". O que me irritava mais quanto a isso era que eu dizia para mim mesmo (e para qualquer um que tivesse a paciência de ouvir), há muito tempo, que não existia uma coisa chamada "parentesco", que isso era uma quimera, um artefato de uma teoria ruim. Ser rotulado desse jeito era, e ainda é, muito embaraçoso.

Ao perceber que eu estava lidando com mais do que o "parentesco" americano, imediatamente escrevi "Parentesco, nacionalidade e religião na cultura americana", onde, com efeito, eu dizia que aquilo que estava chamando de "parentesco" na realidade também abrangia pelo menos a nacionalidade e a religião na cultura americana. O domínio do "parentesco" não apenas não era distinto na cultura americana, mas também era o caminho para um domínio muito maior com o qual, por boas razões históricas, acabei me envolvendo. Seguiu-se um artigo curto, "Categorias americanas de parentesco", para o *Festschrift* Lévi-Strauss. Então, trabalhando com Raymond T. Smith, o foco mudou para um grupo de classe baixa de negros, latinos e apalachianos em Chicago, e, com base nesse novo corpo de dados, um primeiro rascunho de um livro novo foi escrito em 1970, depois revisado inteiramente e publicado em 1973 como *Diferenças de classe e papéis sexuais no parentesco e estrutura familiar americanos*.

Enquanto isso, em 1972, o artigo "Do que trata o parentesco" tentou trazer as lições deste livro para o problema mais geral do estudo antropológico do "parentesco". Ou seja, ao revisar a posição teórica deste livro e contrastá-la com a teoria mais ortodoxa geralmente aceita, tentei demonstrar que o "parentesco" como uma coisa, como um objeto de estudo, era no máximo apenas possível num sentido muito restrito, e mesmo assim provavelmente apenas em culturas ocidentais como a dos Estados Unidos. Essa é a afirmação mais conservadora e moderada da mensagem daquele artigo. A afirmação mais dramática era que o "parentesco", como o totemismo, não é um assunto de estudo, e sim puramente um artefato de uma teoria demonstravelmente falsa. Não é preciso dizer que essa mensagem não foi recebida com aclamação universal, e a profissão antropológica não tomou as ruas para uma celebração alegre. Uma lição desse artigo é que é muito mais doloroso discordar do que estar errado. Nada disso diminui o artigo, em minha opinião. Acho que é uma posição atraente.

Enquanto esse artigo estava fermentando, James Boon e eu conversávamos sobre o estruturalismo de Lévi-Strauss e as diferenças no tratamento de Lévi-Strauss do parentesco e do mito. Essa conversa resultou no primeiro rascunho de "O parentesco *vis-à-vis* o mito", palestra que proferimos em um dos encontros anuais da Associação Antropológica Americana. Mas, novamente, toda a minha contribuição para esse artigo derivou de forma mais ou menos direta das implicações de *Parentesco americano*, e, portanto, também ele representou meramente mais um desenvolvimento da teoria enunciada mais claramente pela primeira vez em *Parentesco americano*.

No final de 1968 e em 1969, a análise das genealogias que coletáramos junto com todo o resto do material em que este livro se baseia começou para valer, mas o trabalho teve que ser suspenso no início dos anos de 1970, apesar da versão de rascunho já estar bastante completa em 1972. Portanto, *O universo do parentesco americano* não apareceu até 1975.

Keith Basso e Henry Selby organizaram uma conferência patrocinada pela Escola para Pesquisa Americana em Santa Fé em março de 1974, onde eles e Ira Buchler, Susan Ervin-Tripp, Roy d'Andrade, Clifford Geertz, Ellie Maranda, Harold Scheffler, Michael Silverstein e eu passamos horas infindáveis, e para mim intensamente felizes, discutindo *O significado na antropologia*, exatamente o assunto do qual eu pensava que minha Teoria da Cultura tratava. Minha dívida com todos eles é considerável, pois aprendi muito com eles, e mais rápido do que teria aprendido sem eles. "Notas para uma teoria da cultura" aparece no volume que resultou dessa conferência.

E assim vai. Apresentei um artigo em junho de 1977 num simpósio da Smithsonian Institution intitulado "Parentesco, comunidade e localidade na cultura americana", que acabou de ser publicado. Durante o final dos anos de 1960, comecei a retrabalhar parte do meu material sobre Yap em termos de uma teoria da cultura mais bem desenvolvida, e não surpreenderá ninguém que seu centro de interesse seja o "parentesco" de Yap. Apresentei uma versão inicial e abreviada desse artigo para o Departamento de Antropologia da University of New Mexico como uma das Palestras de Fred Harvey Jr. em 1976, mas ele cresceu e se transformou em um outro livro que logo deve estar pronto[1].

Portanto, *Parentesco americano* faz parte de um corpo maior de trabalhos que ainda continua e ainda foca no problema da Teoria da Cultura com base em dados do estudo do "parentesco" americano, de Yap e dos Apaches Mescaleros, mesmo quando os dados de uma ou outra dessas culturas não são citados explicitamente.

Finalmente, devo esclarecer oficialmente dois pontos. Primeiro, a oposição entre "substância" e "código" ou "código de conduta", que foi estabelecida detalhadamente pela primeira vez neste livro, foi tomada e aplicada a algumas outras culturas por outros antropólogos, incluindo alguns trabalhando com material da Índia. No que me concerne, essa oposição é demonstravelmente importante na cultura americana. Se ela for considerada útil para a análise de materiais da Índia ou de outros lugares, ótimo. Mas eu faço apenas uma reivindicação limitada para essa oposição; ela é uma parte importante da cultura americana. Não faço nenhuma reivindicação quanto à sua universalidade, generalidade ou aplicabilidade a qualquer outro lugar.

O segundo ponto é bastante parecido com o primeiro. No que me concerne, a "solidariedade duradoura difusa" é uma característica fundamental de certas áreas da cultura americana. Como eu tomei a posição clara que não acredito que o conceito de "parentesco" em geral seja útil, e que acredito que "parentesco" como um

---

[1]. O livro em questão foi publicado em 1984. SCHNEIDER, D.M. *A Critique of the Study of Kinship*. Ann Arbor: University of Michigan Press [N.T.].

universal é falso, e que ele é um pseudoproblema, seria absurdo que eu afirmasse que a "solidariedade duradoura difusa" é uma característica do "parentesco" em geral. Para mim, neste momento, existe apenas o "parentesco" americano, e mesmo ele é de definição muito limitada. Portanto, a tentativa feita, por exemplo, por Craig, de igualar a "solidariedade duradoura difusa" com o conceito do Professor Meyer Fortes do "axioma da amizade", é, para falar educadamente, equivocada. Tratar uma característica específica de uma cultura particular como uma característica de um suposto universal não me parece nada sábio. Tudo que quero dizer com "solidariedade duradoura difusa" é uma característica da cultura americana. Se o Dr. Craig se negar a concordar comigo e insistir que é possível discutir o "parentesco" em geral, como uma característica universal de todas as culturas, e assim estabelecer paralelos entre o "axioma da amizade" de Fortes e minha "solidariedade duradoura difusa", isso é um problema completamente dele. Mas meu ponto ainda é o mesmo; a única reivindicação que faço quanto à "solidariedade duradoura difusa" é quanto ao lugar que eu descrevi para ela na cultura americana.

II

O trabalho em que *Parentesco americano* se baseou foi realizado utilizando informantes quase sempre brancos, urbanos e de classe média. Tentei expandir meus horizontes lendo o máximo que pude da literatura sociológica sobre a família e o parentesco da classe baixa e também gastei mais horas do que foram úteis procurando diferenças étnicas e de "raça". Em retrospecto, esse foi um tempo que tinha que ser perdido. Não passar um pente fino na literatura teria sido um grave delito do dever acadêmico. Mas, depois de fazê-lo, o resultado foi muito pequeno. Inúmeras invectivas e diagnósticos agoniados sobre o estado do casamento e dos divórcios nunca tocaram as questões cruciais – ou as questões cruciais para mim – a saber: Como devemos compreender o casamento? Como ele é definido? Em vez disso, aprendi que alguns sentiam que o casamento estava condenado e outros sentiam que a família, e portanto o casamento, era a pedra de toque de toda a civilização como a conhecemos, e que a taxa crescente de divórcios era ou horripilante ou elogiável, mas nenhuma das obras acadêmicas que consultei me contou muito sobre o que eu queria saber. E o mais importante foi o fato de que todo o sistema de parentesco e da família dos Estados Unidos era tratado em termos da classe média urbana branca. Previamente, Margaret Mead, entre outros, tentou argumentar que a classe média estabelece os padrões, enuncia os objetivos desejados e formula os valores que permeiam todos os outros estratos da sociedade americana. Portanto, os valores da classe média urbana branca poderiam legitimamente ser considerados representantes das normas culturais. É irônico que tenha sido necessário o movimento dos direitos civis, e não a investigação científica sistemática, para dissipar esse pedaço reconfortante de etnocentrismo.

(Como a classe alta não entrou nem criou nenhum Movimento dos Direitos da Classe Alta, ainda não fazemos muita ideia do que acontece por lá.)

Mas o resumo é que realmente cometi alguns erros muito ruins, e eles apareceram mais claramente quando Raymond T. Smith e eu estudamos alguns negros, latinos e apalachianos de Chicago, todos de classe baixa. Os resultados desse estudo foram agora reimpressos pela University of Michigan Press como *Diferenças de classe no parentesco americano* (1978). Nesta conexão, ver Barnett e Silverman.

Em primeiro lugar, minha afirmação de que existe apenas um sistema de parentesco americano tropeçou sobre o fato de que a "família" significa algo diferente para a classe baixa e para a classe média. A família e o domicílio têm sido misturados persistentemente na literatura etnográfica. Isso pode ser uma consequência do fato de a maioria dos etnógrafos ser de classe média, e a classe média tende a tratar a família e o domicílio como a mesma coisa. A classe baixa não. Residir juntos não é nem de perto o grande símbolo de unidade para a família de classe baixa que é para a classe média. Assim, há em *Diferenças de classe no parentesco americano* algumas correções de afirmações feitas em *Parentesco americano*. Muitas dessas correções distinguem aquilo que se aplica a todos os americanos daquilo que está ligado à classe. Mas a maior parte do que foi dito em *Parentesco americano* sobrevive. Um de seus aspectos mais úteis é que *Parentesco americano*, talvez impetuosamente, ofereceu algumas hipóteses que a pesquisa posterior pôde tratar explicitamente e, quando necessário, corrigir. Uma dessas correções é a ideia de que a "família" e a coabitação da classe média é idêntica à "família" e à coabitação da classe baixa. Há vários outros erros talvez menos sérios que o livro posterior corrige, mas esse é um dos principais.

Um segundo erro que a pesquisa posterior corrigiu é a afirmação de que a etnia não importa, que uma vez que um grupo étnico chegue aos Estados Unidos, ele assume a cultura americana ao fim e ao cabo, e por isso me senti livre para falar sobre o "parentesco" americano como algo que se aplica igualmente a grupos étnicos diferentes. Sylvia Yanagisako mostrou que isso não era verdade para os nipo-americanos, e, num artigo inédito, Phyllis Chock sugere delicadamente que seria um certo exagero afirmar que os greco-americanos são exatamente iguais a todos os outros americanos quanto a seu sistema de parentesco como um sistema cultural. Suspeito que, se nosso material fosse mais rico sobre os latinos, ele também mostraria algumas diferenças importantes.

O problema que resta é ver como cada uma dessas qualificações está relacionada à outra e como as qualificações se relacionam com a concepção inteira. Não é impossível que as variações de classe e etnia sejam apenas transformações sistemáticas de um conjunto de semelhanças subjacente ou mais geral, e talvez ainda possa ser demonstrado que existe um padrão único, coerente e integrado do qual a parte esboçada em *Parentesco americano* seria apenas uma. Qualquer que seja o resultado de tal análise, isso sugere a pergunta da integração da cultura como eu a defini, e se ela pode ou não ser considerada como mais ou menos perfeitamente integrada.

A discussão acima sobre os dados nos traz para a crítica de que o livro continha muito poucos dados, se é que continha algum. O que está em questão, obviamente, é: O que são dados, exatamente? Para alguns, eles aparentemente consistem num conjunto de fatos objetivamente verificáveis que podem ser descobertos e relatados como descrições puras e que podem e devem ser mantidos firmemente distintos de quaisquer análises ou interpretações. Minha posição (como sugeri acima) é que a distinção entre fato e análise não pode ser feita firmemente; que eles são tão entrelaçados que não podem ser separados. Portanto, a apresentação daquilo que supostamente seriam dados puros é sempre uma seleção; essa seleção é sempre guiada por pressuposições implícitas ou explícitas, e essas pressuposições formam uma teoria mais ou menos coerente. Um conjunto de fatos ou corpo de dados é simplesmente algum enunciado empírico feito dentro da moldura de algum esquema conceitual ou teoria, mesmo que esta permaneça muito pouco explícita. Aquilo que eu creio ter apresentado em *Parentesco americano* são "dados" nesse sentido, assim como é uma "análise" no mesmo sentido.

Isso não significa negar que as seis mil páginas de entrevistas datilografadas (cf. p. 24) sobre as quais este livro, em grande parte, está baseado não são exatamente a mesma coisa que este livro. Mas mesmo que alguém argumentasse que essas seis mil páginas são os dados e este livro é sua interpretação, seria extraordinariamente difícil mostrar que o material que compôs as seis mil páginas não foi selecionado, e que sua seleção não foi guiada pelas mesmas considerações teóricas que guiaram sua destilação nas 131 páginas que constituem este livro. Além do mais, é impossível estipular precisamente as operações que transformaram as seis mil páginas de material datilografado nas 131 que pretendem representá-lo. O mínimo que se pode dizer é que há realmente uma conexão íntima e determinada entre as seis mil páginas e as 131.

Este não é o lugar para apresentar um argumento completamente detalhado em defesa da posição que assumi. Mas ele é o lugar para indicar por que não posso aceitar seriamente essa crítica dessa forma. O fato é que este livro foi redigido em grande parte na forma de generalizações, e as seis mil páginas de notas de campo são instâncias específicas, formadas pela apreensão, compreensão e pressuposições dos trabalhadores de campo e retrabalhadas pelo autor. Eu realmente poderia ter documentado uma série de exemplos extensos para cada uma das generalizações feitas no livro. Entretanto, escolhi não fazer isso.

Aqui será útil um pouco de história. Na época em que o manuscrito estava sendo preparado, um colega próximo analisou as entrevistas e observações e selecionou um verdadeiro baú de tesouro de citações de informantes e observações de trabalhadores de campo que "apoiavam" quase todos os enunciados contidos em *Parentesco americano*. Essa tarefa foi longa e árdua, e exigiu um bom conhecimento do que eu estava escrevendo e uma compreensão detalhada de cada parte da enorme massa de materiais coletados no campo.

A regra bem conhecida de que "nenhuma boa ação fica impune" entrou no jogo. Peguei essa coleção de citações e enunciados e a li cuidadosamente. Eles realmente forneciam apoio para todos os pontos importantes do livro e também para a maioria dos pontos menores. Aqui estava uma riqueza até um tanto desconfortável. Mas como os dados e a análise estão inextricavelmente entrelaçados, é um corolário direto que os enunciados dos informantes, as citações do que os nativos realmente disseram, as observações sobre o que eles realmente fazem não podem constituir nada mais do que exemplos, ou ilustrações, e não podem de modo algum ser provas de qualquer coisa. Adicionar essa colheita rica de citações ao livro, então, não teria nenhum outro propósito que não fosse a ilustração, e poderia facilmente ser mal-interpretado como uma confirmação da análise. Por um lado, eu não achava que um trabalho realizado seriamente do tipo que eu imaginava precisaria de ilustrações para animá-lo ou "dar uma ideia dos dados"; por outro lado, eu queria estar muito, muito certo de que ninguém poderia interpretar erroneamente o que eu estava fazendo por ser levado a pensar que as meras ilustrações ou exemplos poderiam "provar" alguma coisa, ou prestar um apoio fatual a qualquer interpretação. E se havia uma escolha entre essas duas razões para omitir quase todas essas ilustrações, citações etc., foi a segunda razão que considerei mais atraente. Frequentemente me sinto ofendido por outros antropólogos, sociólogos e psicólogos que jogam o jogo que considero questionável, de sugerir que suas generalizações são "provadas" ou "apoiadas" por algum excerto escolhido apropriadamente dos materiais de campo.

Portanto, omiti, com a exceção de algumas poucas instâncias, o vasto corpo de materiais que meu colega coletara laboriosamente com a justificação pia de que eu me recusava a trapacear. Minha análise poderia estar errada, mas eu certamente não trapacearia. E usar citaçõezinhas bonitas e exemplinhos convincentes era uma forma de trapacear – eu pensava assim naquela época e ainda penso assim hoje em dia: isso finge ser uma documentação quando na realidade não é, de modo algum. Não é preciso dizer que meu colega discorda e até hoje não me perdoou.

Portanto, a única resposta razoável que posso dar para aqueles que afirmam que o livro não apresenta nenhum dado é simplesmente dizer: "o livro são os dados". Não posso esperar que todo mundo concorde comigo, mas espero que minha posição esteja clara.

III

De grande interesse para mim, e espero que para leitores deste livro, é uma série de problemas intimamente entrelaçados que surgem de uma teoria da cultura centrada em problemas de significado.

O melhor modo de entrar nessa área é através de um curto parágrafo que Clifford Geertz publicou e que eu escolhi tratar como tendo relevância direta para a Teoria da Cultura com a qual eu me comprometi. Geertz diz:

"O argumento afirma que a cultura é tratada de modo mais eficaz puramente como um sistema simbólico (o lema é 'em seus próprios termos'), através do isolamento de seus elementos, da especificação das relações internas entre esses elementos, e então da caracterização do sistema inteiro por algum modo geral – de acordo com os símbolos básicos em torno dos quais ele se organiza, com as estruturas subjacentes das quais ele é a expressão de superfície, ou com os princípios ideológicos nos quais ele se baseia [...] essa abordagem hermética para as coisas me parece correr o perigo (e cada vez mais ter sido tomada por ele) de prender a análise cultural longe de seu objeto apropriado, a lógica informal da vida real.

É preciso tratar do comportamento, e com alguma exatidão, porque é através do fluxo do comportamento – ou, mais precisamente, da ação social – que as formas culturais encontram articulação. É claro que elas também a encontram em vários tipos de artefatos, e vários estados de consciência; mas estes retiram seu significado do papel que desempenham (Wittgenstein diria seu 'uso') num padrão contínuo de vida, e não de nenhuma relação intrínseca que eles possuam entre si" (GEERTZ, C. *The Interpretation of Cultures*, 1973, p. 17).

Há, nessa breve citação, uma verdadeira ratoeira de problemas, e todos eles foram apontados para mim de um modo ou de outro como uma crítica de *Parentesco americano*.

Primeiro, há o problema da relação entre a cultura tratada como um sistema de símbolos e significados e aquilo que Geertz chama aqui de "comportamento – ou mais precisamente ação social". Ele utiliza os termos de Talcott Parsons, e eu suponho que ele também utilize a definição de Parsons desses termos. A ação social é comportamento simbólica e significativamente vinculado, e os símbolos e significados são derivados do sistema compartilhado de símbolos e significados numa sociedade. O comportamento é a categoria residual; ele é qualquer ação que não esteja vinculada ao sistema de símbolos e significados de uma sociedade – ele é o comportamento cru, por assim dizer, e não ação *social*.

O esquema parsoniano toma a ação social como o objeto de seu estudo e distingue quatro sistemas como os determinantes da ação social, sendo que nenhum deles pode ser reduzido a nenhum outro. Estes são, como se sabe, o cultural, o social, o psicológico e o biológico. Assim, elementos de cada um desses sistemas estão presentes em qualquer ação social concreta. Sempre há um componente social, sempre um componente psicológico, sempre um componente biológico e sempre um componente cultural em qualquer ato social.

Como tentei explicar em "Notas para uma teoria da cultura", levei o esquema de Parsons (não sua teoria inteira, mas apenas essa parte particular dela) um passo além do que ele o fez. Se o sistema cultural, como ele o chama, não pode ser reduzido a nenhum outro sistema de determinantes da ação social, e se ele realmente tem características sistemáticas, então podemos fazer duas perguntas. Podemos fazer a pergunta "apropriadamente parsoniana": Qual é o papel que a cultura desempenha na ação social? Ou, em outras palavras: Qual é o efeito da cultura sobre a ação social em seus aspectos determinantes? Além disso, podemos perguntar: Onde estão as características sistemáticas da cultura? De que modo ela constitui um sistema? Como seus elementos estão relacionados entre si? Para utilizar os termos de Geertz, a cultura pode ser tratada "puramente como um sistema simbólico (o lema é 'em seus próprios termos')".

Mas não é necessário ser um "parsoniano apropriado". Minha posição converge com a de vários outros autores que não são de modo algum parsonianos. Se, entretanto, aceitamos a distinção de Parsons entre comportamento e ação, segue-se que, como nem todo comportamento é simbólica ou significativamente vinculado (o que, por si só, é uma posição razoável), a parte simbólica ou o caráter significativo da ação é um aspecto desse comportamento que realmente pode ser abstraído legitimamente. Isso não é mais do que dizer que se fizermos as abstrações com respeito a suas relações entre si, o sistema de abstrações pode ser estudado em seus próprios termos separado do fluxo da ação e com respeito às relações entre os elementos abstraídos.

Saussure distinguiu entre *langue* e *parole*; Chomsky entre competência e *performance*; Silverstein entre função$_2$ e função$_1$; Sahlins, num artigo inédito recente chamado "Experiência individual e ordem cultural", entre cultura-como-constituída e cultura-em-ação ou cultura-como-vivida.

Conheço muito bem o fato de que houve um grande saque da linguística para encontrar conceitos e ideias que possam ser aplicadas (com grande frequência, ingenuamente) à cultura. Também sei que a linguagem muitas vezes não é a melhor analogia para a cultura e, portanto, os métodos para seu estudo não podem sempre ser aplicados diretamente ao estudo da cultura. Mas essa não é uma questão de tudo ou nada. O problema é aplicar a analogia quando ela é apropriada, e, neste aspecto particular, acho que ela pode ser aplicada. O fato de ela convergir em certos aspectos importantes com a posição parsoniana pode ser interpretado como um bom ou mau presságio, dependendo da perspectiva assumida.

Quando alguém nega a legitimidade do estudo da *langue*, da competência, da função$_2$ de Silverstein, também nega a legitimidade do estudo da cultura-como-constituída. Se simplesmente trocarmos "cultura" por "linguagem", alguns negariam que a linguagem-como-constituída pode ser um objeto apropriado de estudo e que ela só pode ser estudada como é realmente falada. A gramática, a sintaxe e o vocabulário seriam despachados tão sumariamente quanto a "cultura em seus próprios termos" (cultura-como-constituída). Assim, a linguagem só pode ser estudada como fala, como discurso, pois essa é a forma que a linguagem assume como ação social.

Um problema que outros apontaram abrange uma das afirmações de Geertz na citação acima. O problema é que não haveria dificuldades em abstrair a cultura como eu fiz, mas que isso seria talvez uma empreitada inútil, porque eu nunca mostro como a cultura então se relaciona com o comportamento ou a ação social. Portanto, para que serviria saber que há uma distinção entre "substância e código de conduta", já que eu nunca mostro como (para citar Geertz novamente) "as formas culturais encontram articulação" "através do fluxo [...] da ação social"?

Essa crítica pode ser respondida ao lembrarmos que o estudo da cultura "em seus próprios termos", como eu o descrevi neste livro, é uma empreitada onde o primeiro passo é lidar o máximo possível com o "fluxo da ação social" e o "comportamento real", ou, o que é quase tão bom, relatar o que as pessoas dizem sobre o que fazem, e o que elas pensam que estão fazendo, e por que elas estão fazendo o que fazem e, acima de tudo, como elas definem e compreendem o que fazem. É a partir desse material – que, no caso deste livro, são as seis mil páginas de entrevistas – que os símbolos e significados são abstraídos. Se o processo de abstração foi realizado apropriadamente, e se a teoria que guiou esse processo não é defeituosa, e se foram realmente símbolos e significados as entidades abstraídas (e essa abstração é chamada de "cultura"), então deve ser possível e legítimo perguntar como esses elementos abstraídos estão relacionados uns aos outros e quais características sistemáticas eles podem ter. Uma outra pergunta, bastante diferente, é como eles afetam a ação social, ou como eles estão articulados na ação social.

Se é legítimo e também possível abstrair a "cultura" desse modo e perguntar sobre a relação entre seus elementos, é então necessário partirmos para a próxima pergunta: Como a cultura é articulada na ação social, ou como a cultura afeta a ação social? Ou, que papel a cultura desempenha na ação social? Essa é fundamentalmente *a* pergunta, é claro; é para isso que serve a ciência social. Sem essa pergunta, todo o resto é vazio.

Existe alguma justificativa para fazer apenas uma pergunta de cada vez, ou fazer apenas a pergunta sobre a cultura, e deixar a segunda pergunta intocada? Eu acho que sim. Primeiro, se o processo de abstração for feito corretamente (e isso nem sempre é fácil, como sugere a primeira seção deste ensaio retrospectivo), ele garante que os símbolos e significados são retirados do fluxo da ação social, e portanto as abstrações permanecerão implicitamente válidas em relação a seu lugar no fluxo da ação social. Segundo, se a teoria que guia a abstração estiver correta, então a abstração da cultura "em seus próprios termos" não incluirá elementos irrelevantes. Com efeito, a relevância da cultura para a ação social é ou axiomática ou uma hipótese de trabalho. Terceiro, para utilizar novamente a analogia da linguagem, se ouvimos alguém que fala a sentença: "Agora é a hora de todos os homens bons virem ajudar a equipe", nós podemos analisar a sentença em sua gramática, sintaxe etc.; nós podemos encontrar um sujeito e um predicado, um verbo e um substantivo, e assim por diante. A partir disso nós aprendemos parte da *langue*, a linguagem-como-constituída, mas ainda não a analisamos como *parole*, a linguagem-como-falada. Nós não perdemos a capacidade de voltar àquela sentença falada e perguntar que papel a gramática desempenha nela. Nossa análise não exaure a sentença de modo algum, pois deixamos de lado a intenção, entre outras coisas, para podermos enxergar a linguagem-como-constituída em seus próprios termos. Nós também não nos afastamos demais do fluxo da vida real de modo a isolar considerações culturais ou gramaticais e sintáticas dele.

Existe uma onda de interesse entre os linguistas pelo discurso e a linguagem-como-fala, a *parole*. Muitos linguistas estão interessados, assim como muitos antropólogos, em símbolos ou signos, e em significados, e nas relações entre signos e significados. Alguns chegaram a ponto de negar a legitimidade do estudo da *langue* e estudam apenas a *parole*. Seus resultados são então expressos como regras para a fala e regras de referência e consistem no que me parece apenas um curto passo além de simples generalizações empíricas. Em vez de serem capazes de estipular exatamente quais signos ou símbolos estão incorporados à ação contínua, como esses signos estão relacionados entre si e aos significados diferentes, temos apenas uma descrição do fluxo da ação. O material não pode ser analisado em nenhum dos sentidos tradicionais dessa palavra, devendo ser "compreendido" através de algum processo hermenêutico. Tudo é ação; ação pura e espessa. Isso eu não aceito. Não sou um positivista. Não estou nem sequer procurando conexões causais. Mas realmente acho que algum tipo de análise é possível, que é possível separar a ação em suas partes constitutivas para ver como ela é construída, e, ao fazer isso, entender melhor como a ação procede.

O problema do determinismo cultural e os problemas da cultura *sui generis* estão intimamente relacionados aos problemas que estive discutindo. A discussão revelou minha posição de que a cultura é um, mas apenas um, entre outros determinantes da ação social. Eu não tomo a posição de que a cultura é *sui generis*, uma coisa em si mesma e por si mesma, ou de que ela tenha qualquer existência fora da construção do antropólogo que monta essa estrutura de abstrações.

Isso ainda não resolve o problema de mostrar como a cultura que eu abstraí realmente afeta, determina ou se relaciona com a ação. Em parte, a resposta é que os problemas podem ser separados: o primeiro problema, precisamente porque foi negligenciado por tanto tempo, é chegar até a *langue*, a competência, a cultura-como-constituída. Quando soubermos tanto sobre a cultura-como-constituída quanto sabemos sobre a estrutura da gramática e da sintaxe, a *langue* e a competência, então de fato podemos, como os linguistas estão fazendo agora, ir com tudo para o segundo problema, o estudo da cultura-em-ação, da pragmática, ou o estudo da linguagem-como-fala. Assim como os linguistas utilizam seu conhecimento sobre o sistema fonético, a gramática, a sintaxe e o vocabulário no estudo da pragmática ou da linguagem-como-fala, nós podemos utilizar nosso conhecimento crescente sobre a estrutura de signos ou símbolos e a estrutura do significado, e os modos pelos quais sinais e significados se relacionam sob várias condições definidas formalmente, no estudo do padrão contínuo de vida ou do fluxo da ação social, a cultura-como-vivida. A cultura não explicará tudo, mas ela é uma parte necessária da explicação.

Eu sou abençoado com uma fortuna de colegas, amigos e conhecidos, todos os quais agiram como críticos de um tipo ou de outro deste livro. Alguns deles trouxeram repetidamente para minha atenção um outro ponto que atinge o problema da relação entre cultura e ação. A forma de sua crítica foi clara e direta. Neste livro, eu digo o mais vigorosamente possível que a cultura não deve ser confundida com padrões de ação reais, com aquilo que podemos observar as pessoas realmente fazendo; nem a cultura deve ser confundida com padrões *para* a ação (que eu chamo de normas e distingo firmemente da cultura). Isso indignou alguns de meus amigos e colegas críticos, em parte porque coloquei a questão nos termos mais fortes possíveis. Essas afirmações foram interpretadas – corretamente – como querendo dizer que eu não estou preocupado em descrever padrões de ação reais, o que as pessoas realmente fazem quando representam papéis, quais papéis as pessoas realmente desempenham, ou regularidades gerais no comportamento ou na ação da população sendo estudada. Afirmo enfaticamente na Seção V da Introdução (p. 30) que estou preocupado com o sistema de símbolos e significados e não com a descrição em qualquer outro nível. O livro não é sobre o que as pessoas dizem (mas ele é derivado do que elas dizem), e não é sobre o que as pessoas realmente fazem nem sobre as taxas em que elas o fazem. Tudo isso pareceu bastante direto e de fácil compreensão quando eu o escrevi.

Na realidade, o problema aqui é simples. Meus críticos e eu temos definições de cultura diferentes, teorias da ação social diferentes, objetivos diferentes. A questão é se os deles são mais ou menos legítimos que os meus ou se apenas fazemos coisas diferentes de modos diferentes. Esses críticos podem definir a cultura como qualquer comportamento padronizado que é aprendido. Isso, para mim, inclui tudo – tudo e mais um pouco.

Uma tal definição de cultura dificulta separar os aspectos significativo e operacional da ação; o motivacional do não motivacional. Ela joga no mesmo saco símbolo, significado, valor, papel, padrão, intenção, e inclui até o comportamento, desde que seja padronizado – e é difícil encontrar qualquer comportamento que não seja padronizado. Ela é, numa palavra, uma noção imperialista da cultura, que não deixa nenhum espaço para a discriminação cuidadosa de tipos de variáveis (sociológica, psicológica etc.) ou de seus respectivos lugares.

Com objetivos diferentes, e uma definição de cultura diferente, não surpreende que meus críticos façam objeções à minha teoria com tanta veemência quanto eu faço às deles. Eu acho que a teoria e a formação de conceitos deles são defeituosas; eles sentem que minha teoria e formação de conceitos são escandalosamente erradas. Na realidade, há uma solução muito simples para essa dificuldade: explicitar as diferenças e analisar cuidadosamente suas implicações. Mas este não é o lugar para fazer isso. Talvez o tempo dirá. Escolhi pressupor a significância do símbolo e do significado no padrão total da ação e ir em frente e estudar isso. Portanto, por exemplo, eu não tomo as taxas de casamentos entre primos como o objeto de meu estudo, mas apenas como dados a serem utilizados para ajudar a localizar o significado do casamento entre primos e como esse significado é indicado.

Geertz diz que o significado é "retirado", ou "as formas culturais encontram sua articulação" num "padrão contínuo de vida". Essas afirmações parecem bastante inocentes. Certamente, como o casamento, o significado não é criado no céu; o significado deve vir da vida de alguma forma. Mas Geertz dá um passo além ao nos dizer que o significado *não* será encontrado através da especificação das relações internas entre os elementos simbólicos. Isso basicamente acaba com Saussure e Lévi-Strauss, entre outros, ainda que eles possam muito bem reclamar da falta do devido processo.

Não é realmente um problema se o significado é retirado da ação ou se ele é dado através da utilização dos próprios signos; tais enunciados são claramente inadequados. Se, para repetir mais uma vez, a ação social é significativa, simbólica, então o significado precisa estar na ação desde o começo e não pode ser "derivado" da ação ou "retirado" dela, exceto no sentido óbvio de que se "as formas culturais encontram sua articulação" na ação, e a ação é simbólica e significativa desde o começo, então claramente podemos recuperar esses símbolos e esses significados através da análise da ação. Mas o enunciado que o significado é derivado da ação ou do uso precisa estar errado, no sentido de que primeiro existe a ação e então o significado emerge apenas depois da ação ocorrer, apenas depois do uso estar estabelecido no ato. É o significado, e os veículos que o carregam, que formam essa ação antes de ela ocorrer, ou, pelo menos, enquanto ela ocorre. Nós certamente não falamos inglês em vez de francês como um derivado da ação da fala; o inglês e o francês vêm antes, e vieram antes, de qualquer fala que qualquer um emita hoje. Seus signos são utilizados pelo orador para constituir o ato da fala, e estão relacionados com o que é significado. Seus significados estão lá e estão entre as condições que permitem que um orador escolha qual signo vocalizar antes de falar. Ele não diz "A raposa vermelha rápida salta sobre o cão marrom preguiçoso" quando intencionava dizer "Por favor, passe o sal", pois ele sabe que a palavra "sal" não é relacionada facilmente com raposa vermelha rápida nem com cão marrom preguiçoso. E, o que tem a mesma importância, é o fato de que se ele realmente quiser o sal, ele não o conseguirá, não importa o quanto ele repita "A raposa vermelha rápida salta sobre o cão marrom preguiçoso". O ator tem intenções; elas são estruturas costumeiras, geralmente compartilhadas, de signos e o que eles significam, de modo que ele pode não apenas indicar suas intenções, mas também ter uma certeza razoável de que não estará assobiando no escuro. É concebível que ele possa eventualmente ter sucesso através de algum outro canal de comunicação – talvez ele aponte para o saleiro; talvez ele estique o braço e o pegue sete vezes, pronunciando a cada vez a sentença "A raposa vermelha rápida salta sobre o cão marrom preguiçoso", de modo que, depois de um tempo, as pessoas entendam a ideia de que, quando esse orador peculiar e idiossincrático emite esses barulhos, deve-se passar o sal para ele. Então, e apenas então, poder-se-á dizer com qualquer legitimidade que o significado é retirado do "uso". Mas mesmo assim não é simplesmente o uso, e sim o estabelecimento de um consenso entre a comunidade de oradores e ouvintes de que nessa situação, para esse orador, "A raposa vermelha rápida salta sobre o cão marrom preguiçoso" deve ser utilizada para significar "Por favor, passe o sal".

Existe um sistema de signos e significados que todos têm que aprender quando crianças e precisam continuar aprendendo mesmo quando adultos, e isso não é simplesmente um decreto de qualquer ator individual. É precisamente esse sistema de signos e significados que está "lá fora" que eu chamo de cultura – cultura-como-constituída. Mas "lá fora" é apenas um modo de dizer que se um observador olhar e escutar o que acontece, ele será capaz de abstrair desse fluxo de vida contínuo certas regularidades que são relações entre signo e significado geralmente consensuais nessa comunidade. Essas relações não estão "lá fora" como objetos, como entidades reificadas que podem ser vistas, cheiradas ou tocadas. Elas são construções de abstrações feitas por um observador, e é apenas nesse sentido que elas estão "lá fora". São essas partes da ação contínua que podem ser mostradas como signos e significados que são associados convencionalmente. Além disso, qualquer recém-chegado à comunidade, adulto ou criança, precisa aprender essas associações convencionais antes que ele possa fazer algo mais do que se comportar, ou seja, antes que seu comportamento possa ser considerado ação social.

São precisamente essas dimensões ou sinais e seus significados que podem ser abstraídos como constituídos previamente que eu trato como cultura. Mesmo signos de contexto altamente específico ou dependentes de contexto derivam uma parte de seu significado da cultura constituída, ou constituída previamente. Para virar a questão inteira do avesso, como pode ser visto na análise deste livro, eu utilizo não apenas materiais relativamente livres de contexto, mas também materiais altamente sensíveis ao contexto para abstrair o material da cultura-como-constituída com o qual eu me preocupo.

Às vezes me dizem: "O principal problema com seu livro e sua teoria é que você não compreende que *todo* significado é sensível ao contexto. Você pressupõe que o significado é absoluto e não depende do contexto, e isso está simplesmente errado". Está claro que um tal orador compreende erroneamente tanto o objeto quanto o método de minha empreitada. Eu sei tão bem quanto ele que todo significado é mais ou menos dependente do contexto. E, sabendo isso, eu sou capaz de usar tanto o material mais dependente quanto o menos dependente do contexto que encontro no trabalho de campo para abstrair os aspectos até das regras para a ação mais sensíveis ao contexto, e, a partir disso, abstrair a cultura-como-constituída para construir o sistema abstrato que chamo de "cultura".

Esse ponto é importante porque, desde o começo, minha objeção não apenas à análise de componentes, mas a todas essas formas do tratamento de "parentesco" e "termos de parentesco" que os antropólogos perseguem com vigor incessante é precisamente que eles não conseguem levar em conta grandes massas de material. Eles se confinam à suposta terminologia "referencial", ignorando formas vocativas; eles ignoram usos diferentes; ignoram formas alternativas; ignoram o que chamam de "extensão metafórica". Minha crítica é precisamente que o significado de "parentesco" não está apenas nos usos referenciais estreitos, mas que existem muitos outros elementos constituídos, elementos valorizados que precisam ser levados em conta. E neste livro, por exemplo, minha discussão sobre as formas diferentes de "pai" (papai, papi etc.) e o problema da tia e tio por casamento tratam exatamente disso. Eis aqui usos que dependem lindamente do contexto que não podem ser ignorados se estivermos tentando, como eu tentei, construir um modelo da cultura-como-constituída.

Já notei que minha definição de cultura como um sistema de símbolos e significados difere de outras definições, especialmente daquelas que tratam a cultura nos termos mais gerais como padrões de comportamento aprendido – todo comportamento padronizado, ou todo comportamento aprendido ou transmitido socialmente. Mas existe uma outra diferença significativa entre a definição de cultura que eu utilizo e muitas outras. Ela é minha distinção entre cultura como um sistema de símbolos e significados, e *normas* como padrões de e para comportamento. Ou, para caracterizar as normas de modo diferente, como as regras para a ação. Na introdução a *Parentesco americano*, eu lido com essa distinção em menos detalhes do que deveria; ela é explicada mais completamente em "Notas para uma teoria da cultura".

As normas, é claro, são orientadas para o ator e orientadas para a ação; elas especificam os papéis que devem ser desempenhados sob circunstâncias designadas por atores ocupando estatutos ou categorias designados. O sistema de símbolos e significados de uma cultura pode ser abstraído dessas normas, porque existe nas normas uma classificação implícita de categorias, conjuntos de pressuposições sobre o estado de coisas, as condições da vida, a cosmologia, e assim por diante, que fornece o material a partir do qual o sistema de símbolos e significados pode ser inferido. Portanto, as normas não são em si mesmas *simplesmente* padrões de e para a ação; elas também consistem em elementos culturais. Portanto, além de um aspecto de ação, também existe um aspecto cultural nas normas. Mas onde uma cosmologia, por exemplo, está orientada para o estado do mundo e do universo, um sistema normativo está orientado para padrões de ação por pessoas socialmente definidas.

Como assumi a posição parsoniana de que o sistema social é distinto do sistema cultural, segue-se que eu preciso classificar as normas, tratadas como padrões para a ação, como parte do sistema social, e separar esses aspectos do sistema cultural.

A posição tradicional é enxergar a ação como uma unidade indivisível que é a principal constituinte da cultura. Portanto, aqueles que tomam essa posição consideram meu tratamento do "parentesco" americano deficiente exatamente naquilo que eles estão ansiosos para saber – nas palavras da famosa canção de ninar antiga, quem faz o quê com o quê e para quem sob quais condições.

Meu tratamento da cultura neste livro, e em outras ocasiões, está baseado consistentemente na visão da cultura como um sistema total. O padrão de referência para qualquer relação entre significante e significado é a cultura-como-constituída. Mas esse tratamento é bastante diferente daquele que toma o ator como o ponto de referência e pergunta, por exemplo: "Como um pai deve se comportar?" ou "Qual é o papel da mãe nesta ou naquela situação?" Aqui, o padrão de referência não é diretamente o do sistema cultural-como-constituído, mas o do ator na ação. A variante mais extrema dessa posição é assumida por aqueles que utilizam alguma forma de teoria para a tomada de decisões e perguntam, por exemplo: "O que eu preciso saber para agir como um (pai, mãe etc.) nativo?"

E, novamente, aqui a distinção fundamental entre cultura-como-vivida e cultura-como-constituída torna-se crucial. Várias dificuldades surgem com uma perspectiva orientada para o ator. A primeira, e a mais óbvia, é que ela não é orientada para o sistema, como a posição da cultura-como-constituída. A segunda é que ela obscurece o que eu considero vital: a distinção importante entre organização social ou sistema social e a cultura. Não fazer essa distinção leva à redução da cultura à organização social (ou à estrutura social) ou à dificuldade oposta, a visão imperialista da cultura, a saber, que a cultura inclui e contém o sistema social e a organização social. Aqui, o sistema social é apenas uma parte da cultura, e isso significa que a cultura inclui virtualmente tudo, de modo a perder a influência na análise da distinção entre variáveis relevantes.

Mas a dificuldade mais profunda ao não distinguir a posição orientada para o sistema da posição orientada para o ator é o tipo de análises funcionais que resultou da confusão das duas. O que eu chamei de ou "a Teoria do Curativo" ou "a Teoria da Exúvia" do ritual e da magia é um bom exemplo. Tratar a magia como um modo de reduzir a ansiedade contingente da incapacidade de controlar o desconhecido se baseia precisamente na mistura dos modos de análise orientados para o sistema e o ator. Essas teorias dependem de um estado de coisas gerado na cultura da estrutura social (como quer que elas sejam definidas) que criam as condições que motivam os atores a criar e recriar modos de adaptação a essas circunstâncias. Isso não apenas transfere o peso da causalidade para a organização social e transforma a magia e o ritual em meros curativos, ou exúvias da estrutura social ou da cultura, mas também se baseia na premissa de que o ritual e a magia estão isentos da cultura-como-constituída e devem ser considerados apenas como cultura-como-atuada, ou, mais precisamente, cultura-como-reação.

Disseram que minha utilização de um tipo de análise com base em características distintivas foi um erro. Tendo em vista a importância dos sinais como entidades indéxicas, da pragmática, da cultura-como-vivida ou cultura-em-ação, uma análise de características distintivas era o modo errado de lidar com as coisas.

Se eu estivesse fazendo pragmática ou cultura-como-vivida, então realmente uma análise de características distintivas poderia ser o modo errado de lidar com as coisas. Mas, como eu disse antes, estou fazendo um tipo de análise diferente. Estou fazendo um tipo de análise próximo do tipo que o linguista faz quando ele tenta estabelecer um sistema fonêmico, localizar os fonemas e suas relações uns com os outros. Os fonemas, e um sistema fonêmico, são precisamente um sistema de sons-construídos-significativamente em vez de um sistema de sons--como-falados. Uma análise de características distintivas tem o objetivo de destacar as dimensões valorizadas em termos das diferenças entre elas. O fato de elas serem, ou poderem ser, colocadas em termos de um tipo mais ou menos, ou presente/ausente com respeito a certas dimensões especificadas – vocalização, palatalização, e assim por diante – está mais próximo do tipo de análise cultural que é meu objetivo do que a especificação elaborada das regras diferentes para criar os vários sons sob várias condições de fala e em contextos diferentes de falas reais. Eu poderia dizer muito mais sobre a análise de características distintivas, pois ela é utilizada por Scheffler e Lounsbury e foi utilizada por outros "analistas de componentes" praticantes com os quais eu tenho sérias diferenças intelectuais. Numa discussão completa, eu especificaria precisamente o que quero dizer com análise de características distintivas e onde estão minhas diferenças dos modos pelos quais os analistas de componentes a utilizaram, mas uma tal discussão nos levaria longe demais. O próprio livro já mostra como eu a utilizo.

Uma outra crítica que este livro encontrou foi que ele pode talvez localizar símbolos e significados, mas que tipos diferentes de relações entre significante e significado, entre símbolo e significado, e entre tipos diferentes de símbolos não foram completamente permitidos e certamente não foram completamente explorados. Admito que a ideia de um "símbolo-epítome" tentou, em parte, fazer isso, mas isso não é o bastante: a distinção entre signos icônicos e indéxicos não é utilizada. A relação entre signos diferentes como derivados de outros signos não é tocada. A ideia de metáfora e metonímia não é mencionada, enquanto em outros artigos ela é veementemente negada.

Aceito que essa crítica é justa. É verdade. Eu já tive muitas posições sobre os problemas da metáfora e da metonímia; sobre o significado primário; sobre a extensão do significado. Considero insatisfatória a definição de polissemia como um conjunto de significados onde existe um significado do qual todos os outros do conjunto são derivados, e, portanto, utilizo uma definição simples de polissemia como uma multiplicidade de significados sem enunciar a relação entre eles.

A distinção fundamental entre cultura-como-constituída e cultura-em-ação ou cultura-como-vivida é útil para ajudar a compreender minha posição em outra questão. Afirmo que uma parte importante do significado dos elementos de uma cultura depende de sua relação uns com os outros num sistema de oposições ou contrastes. Aqui, minha posição está próxima da posição de Lévi-Strauss e, antes dele, de Saussure. Para eles, o significado, no sentido especial em que eles e eu utilizamos o termo, é precisamente a ideia ou o conceito do signo *em sua relação com outros signos dentro do mesmo sistema*. Ele não é a referência do signo a alguma coisa no mundo.

Também é importante notar que esse sistema tem as qualidades de ênfase e de hierarquia. Exatamente como elas se relacionam com minha afirmação de que pode-se mostrar que o sistema total está organizado ao redor de um pequeno conjunto de símbolos-epítome é um problema que não estou preparado para analisar aqui, pois ele exige uma discussão extensa e detalhada. Basta dizer que eu defenderia minha afirmação de que, se podemos aceitar a proposição que a cultura-como-constituída pode ser vista como um *sistema* ou uma *estrutura*, e que o sistema ou estrutura é definido pelas relações entre seus elementos, então pode-se esperar que um desses tipos de relações seja tal que certos elementos em certas relações têm uma valorização que os coloca numa posição privilegiada. Isso não é mais do que meramente afirmar novamente que pode-se demonstrar, creio eu, que toda cultura-como-constituída está organizada ao redor de um núcleo pequeno de símbolos-epítome.

Referências

BARNETT, S. & SILVERMAN, M.G. "Separations in Capitalist Societies: Persons, Things, Units, and Relations". *Ideology and Everyday Life*. Ann Arbor: University of Michigan Press, 1979.

CRAIG, D. "Immortality through Kinship: The Vertical Transmission of Substance and Symbolic Estate". *American Anthropologist*, 81, 1979, p. 94.

DOLGIN, J.; KEMNITZER, D. & SCHNEIDER, D.M. *Symbolic Anthropology*. Nova York: Columbia University Press, 1977.

GEERTZ, C. *The Interpretation of Cultures*. Nova York: Basic Books, 1973.

SAHLINS, M. "Individual Experience and Cultural Order", 1970 [Manuscrito].

SCHNEIDER, D.M. *A Critique of the Study of Kinship*. Ann Arbor: University of Michigan Press, 1984.

_____. "Kinship, Community and Locality in American Culture". In: LICHTMAN, A.J. & CHALLINOR, J.R. (eds.). *Kin and Communities*. Washington, D.C.: Smithsonian, 1979, p. 155-174.

_____. "Notes Toward a Theory of Culture". In: BASSO, K. & SELBYM, H. (eds.). *Meaning in Anthropology*. Albuquerque: University of New Mexico Press, 1976.

_____. *The American Kin Universe*: A Genealogical Study. Chicago: University of Chicago Publications in Anthropology, 1975 [SCHNEIDER & COTTRELL].

_____. "Kinship vis-a-vis Myth". *American Anthropologist* 76, 1975, p. 799-817 [BOON & SCHNEIDER].

_____. *Class Differences in American Kinship*. Ann Arbor: University of Michigan Press, 1973 [SCHNEIDER & SMITH] [Reimpresso em 1978].

_____. "What Is Kinship all About?" In: REINING, P. (ed.). *Kinship Studies in the Morgan Centennial Year*. Washington, D.C.: Washington Anthropological Society, 1972, p. 32-63.

_____. "American Kin Categories". In: MARANDA, P. & POUILLON, J. (ed.). *Échanges et communications*: Mélanges offerts à Claude Lévi-Strauss. Den Haag: Mouton, 1970, p. 370-381.

_____. "Kinship, Nationality and Religion in American Culture: Toward a Definition of Kinship". In: TURNER, V. (ed.). *Forms of Symbolic Action*, 1969, p. 116-125. [*Proceedings of the 1969 Annual Spring Meeting of the American Ethnological Society*].

_____. "American Kin Terms and Terms for Kinsmen: A Critique of Goodenough's Componential Analysis of Yankee Terminology". In: HAMMEL, E.A. (ed.). "Formal Semantic Analysis". *American Anthropologist*, 67, 1965, parte 2, p. 288-308.

_____. "Sibling Solidarity: A Property of American Kinship". *American Anthropologist*, 63, 1961, p. 489-507 [CUMMINGS & SCHNEIDER].

_____. "Kinship Terminology and the American Kinship System". *American Anthropologist* 57, 1955, p. 1.194-1.208.

YANAGISAKO, S.J. "Variations in American Kinship: Implications for Cultural Analysis". *American Ethnologist*, 5, 1978, p. 15-29.

CULTURAL

Administração
Antropologia
Biografias
Comunicação
Dinâmicas e Jogos
Ecologia e Meio Ambiente
Educação e Pedagogia
Filosofia
História
Letras e Literatura
Obras de referência
Política
Psicologia
Saúde e Nutrição
Serviço Social e Trabalho
Sociologia

CATEQUÉTICO PASTORAL

Catequese
  Geral
  Crisma
  Primeira Eucaristia

Pastoral
  Geral
  Sacramental
  Familiar
  Social
  Ensino Religioso Escolar

TEOLÓGICO ESPIRITUAL

Biografias
Devocionários
Espiritualidade e Mística
Espiritualidade Mariana
Franciscanismo
Autoconhecimento
Liturgia
Obras de referência
Sagrada Escritura e Livros Apócrifos

Teologia
  Bíblica
  Histórica
  Prática
  Sistemática

REVISTAS

Concilium
Estudos Bíblicos
Grande Sinal
REB (Revista Eclesiástica Brasileira)
SEDOC (Serviço de Documentação)

VOZES NOBILIS

Uma linha editorial especial, com importantes autores, alto valor agregado e qualidade superior.

VOZES DE BOLSO

Obras clássicas de Ciências Humanas em formato de bolso.

PRODUTOS SAZONAIS

Folhinha do Sagrado Coração de Jesus
Calendário de mesa do Sagrado Coração de Jesus
Agenda do Sagrado Coração de Jesus
Almanaque Santo Antônio
Agendinha
Diário Vozes
Meditações para o dia a dia
Encontro diário com Deus
Guia Litúrgico

CADASTRE-SE
www.vozes.com.br

EDITORA VOZES LTDA.
Rua Frei Luís, 100 – Centro – Cep 25689-900 – Petrópolis, RJ
Tel.: (24) 2233-9000 – Fax: (24) 2231-4676 – E-mail: vendas@vozes.com.br

UNIDADES NO BRASIL: Belo Horizonte, MG – Brasília, DF – Campinas, SP – Cuiabá, MT
Curitiba, PR – Florianópolis, SC – Fortaleza, CE – Goiânia, GO – Juiz de Fora, MG
Manaus, AM – Petrópolis, RJ – Porto Alegre, RS – Recife, PE – Rio de Janeiro, RJ
Salvador, BA – São Paulo, SP